U0135159

多空致勝 30 大戰略 II

目　　錄

股市絕學錄影帶／VCD全集
現在合買最划算

①②③一次合購特別優待辦法：

① 單集購買不折扣，一次購買全套三集者，原總價 12,800 元，只收 12,000 元，再優待如下：。

② 再加贈作者東山其餘九書(原總價 1,530 元)：「股市絕學合訂本①」(內含：盤與線、融券放空學、以量為師、股價大趨勢等四冊)、「股市絕學合訂本②」(內含：多空一線天、空頭市場與放空操作、多頭市場與多頭操作、第一時間操作法等四冊)、多空致勝 30 大戰略①，**有書者可以書價5成減收。**

③ 再贈送東山主講，原售價 1,000 元的「從進場到出場」CD 一套四片(限前 50 名)。

④ 以上所有優待限前一百名，額滿為止。

購買辦法：

① 本系列坊間不售，台北地區專人送貨收款，請電(02)22117491，24h內送達。

② 外埠請劃撥10898165李張慧民帳戶。
劃撥後，請註明：購買版本(錄影帶或VCD)、姓名、地址、電話、傳真，連同單據傳真至(02)22117493(24h)，24小時內掛寄。

③ 也可以另加50元，指定郵局貨到付款服務，請先電洽本社。

最宏觀的戰略
最靈巧的戰術

股市絕學錄影帶/VCD①

東山主講 2000年8月全新錄製
全套十捲/片 每捲/片平均約50分鐘

包含十大單元

1. 不敗的鐵布衫——四大決勝戰略
2. 最佳多空指標——平均線
3. 決戰前的料敵致勝——多空研判
4. 空頭行情的操作策略
5. 空頭選股操作
6. 多頭行情的操作策略
7. 多頭選股操作
8. 如何打敗盤整行情
9. 極短線操作
10.如何尋找底部

現貨供應實售價4,000元

有了戰略　更要有戰術
第1集告訴您致勝的大原則
第2集則教您達成勝利的方法
所以　看過第1集　更不可錯過第2集

股市絕學錄影帶/VCD②

　　繼2000年9月的「股市絕學錄影帶①」，作者東山
又於2001年7月完成的另一套最新力作

　　全套11捲/片，平均每捲/片50分，第11捲/片40分

內含17個重要單元：

1. 進場之前先做什麼？
2. 怎麼看線路圖？
3. 均線的四個重要多空訊號
4. 如何掌握短線多空易位？
5. 第一時間定多空——總論穿頭與破腳
6. 如何賣在上漲行情的高點?
7. 什麼才是好股票?
8. 箱型整理的玄機
9. 當行情由全空反彈時的先落底股......
10. 上波強勢股 本波？勢股？
11. 反彈行情 誰能大漲？
12. 二種最常見的落底方式——橫向整理和以跌止跌
13. 地雷股中有黃金
14. 最強烈的變盤訊號——總論巨量長紅
15. 多頭初起時怎麼找狂飆股？
16. 狂飆股大回檔後的反彈怎麼操作？
17. 軋空的條件

現貨供應實售 4,400 元

打通股市量價任督二脈

接軌財神爺鈔票滾滾來

股市絕學錄影帶/VCD ③
量價合判 出版了

　　所有的股市老手都知道，量與價是股市的任督二脈，也是決定多空方向的二大主軸，弄通了它，就等於和財神爺接上軌，搬金取銀，隨性隨心。

　　然而，想和財神爺拉關係、套交情，可不是那麼容易的事，因為量價間的變化牽扯，複雜萬端，就好像孫子兵法中所謂的奇兵與正兵般「奇正相生，如環之無端」，量價間不同位階的互動，有不同的意義，如何解讀其結構，掌握多空致勝最重要的關鍵，請看「量價合判」所做的精密剖析。

2002 年 11 月全新錄製／東山主講
全套 11 捲／片，每捲／片約 50 分鐘
全套共計十個大題：

①籌碼安定與否主導股價多空
②是看個股呢？還是看大盤？
③解構逢低買進與逢高賣出的迷思
④解構個股爆大量的玄機
⑤看價選股 a——多頭初起的選股
⑥看價選股 b——多頭確定後的選股
⑦看價選股 c——多頭結束後的空頭選股
⑧最強烈的多頭訊號
⑨最強烈的空頭訊號
⑩空頭市場中的多頭陷阱

現貨供應實售價 4,400 元

第十一戰略
籌碼安定與否
主導股價多空

所謂籌碼安定，最簡單的說法就是籌碼到了大戶或主力手上。只要籌碼到了大戶手上，股價就易漲難跌。因為大戶錢多，有影響股價的能力。非但如此，大戶就像一支訓練有素的精銳之師，專而為一，所以戰鬥力極強。

當主力大戶進場買股票時，一定是股價位於低檔區，由於金額大，數量多，就好像大軍行動，進退之間，一定有為有序，行進方向確定之後，就會一路前行，不會在瞬間改弦易轍；所以，當籌碼進入主力手上時，股價就會一路漲。反之，當籌碼從主力手中釋出後，股價就會一路跌。

反過來看，當籌碼到了散戶手上時，股價就會易跌難漲，因為散戶雖然人多勢眾，卻是多頭馬車，毫無紀律、組織，只是一批烏合之眾，一旦短兵相接，就會兵敗山倒。

問題是，主力大戶什麼時候才會進場大買股票呢？

二個情況：

1.股價中長期處於低檔區，成交量長期萎縮。

低檔區代表股價便宜，便宜是購買力最大的誘因，任何東西只要價格低於本質，就會誘發購買力。成交量萎縮代表上檔無壓，因為想賣的人大都賣了，既然沒什麼人賣，在股價上揚、拉抬的過程中，自然不會有「伏兵」殺出，能使行情順利走多。

2.當基本面沒有特殊變化，卻突然出現利空，致使股價在短時間暴跌時，就會對主力產生強大的吸引力，原因和上述情況相同：價格便宜與上檔無壓。

至於主力介入的訊號並不難觀察，一旦上述二個現象發生時，就會產生下面的技術現象：

1.成交量逐漸放大，日 K 線長紅棒比小黑棒多，均線開始翻揚。

2.低檔爆出巨量，股價收長紅，然後大漲。

籌碼安定與否
主導股價多空

籌碼安股價漲

　　當多頭市場來臨時，芸芸一千多支個股中，誰會大漲？誰不能大漲？最具決定性的關鍵，就在於籌碼的安定性。安定性愈佳，爆發力則愈強，漲期將愈久，當然漲幅也會最大；反過來說，籌碼不安定者，則漲幅將很小，漲勢也將走的步履艱難，甚至還會不漲，非但如此，當多頭走完，空頭市場來臨時，還會領先做頭，領先下跌，並進而大跌。

　　關於籌碼安定，可以從量與價二個角度來看，先從量的角度來看。

什麼是籌碼安定

　　籌碼安定有消極的和積極的二個意義。消極的意義就是：當行情不好時`，個股當然也不會太好，因為沒有積極性的買盤進場。然而，不管股價怎麼跌，怎麼盤，成交量會始終固定在一個低量區之間；從量棒上看，非常平順整齊，不會有太明顯的凹凸不平，其中所展示的意義就是：

1. 想賣的都賣了。
2. 還不肯賣的，就是長期投資者，這種人的操作特性就是：不管股價走勢如何，我就是和你耗上了。
3. 最重要的一點是：大戶不再砍股票了，也許是砍完了，或者認為低檔已到了，總之，就是沒大賣盤了！

　　積極的意義就是：籌碼不是在散戶手上，而是在主力手上，籌碼一旦在主力手上，就是意味著安定，而主力願意接籌碼就是因為上述二個因素。

籌碼安定主力介入

　　也就是因為上述這二個因素，具有這樣條件的個股終究會被主力看上，於是便會在其中默默地吃貨，由於只是低接，並不拉抬，所以量不會放得太大，價也不會有明顯的波動。等到貨吃夠時，配合大盤走多，就會發動攻勢，大舉拉抬。

　　另外一種方式則是：主力並不吃貨，但會緊盯著它，當時機成熟時(價已超跌且大盤的多頭愈來愈明顯時)，就會伺機介入，由於最低檔已不再出現，於是在盤中拉高吃貨，一舉展開攻勢。

　　說了半天，簡言一句，判定籌碼安定最簡單的標準就是：看籌碼在主力手上或散戶手上，如是而已！

　　這裏要特別說明一點，為什麼籌碼在主力手上或散戶手上就是安定與不安定，最根本的原因就是：籌碼在主力手上就好像一支紀律嚴明、訓練有素的軍隊，戰鬥力必強，戰勝率必高。反之，則像一支烏合之眾，每戰必敗。

決定漲勢的二個關鍵

這時候，這種籌碼安定股的後續漲勢(時間)漲幅(大小)決定於二點：

1. 籌碼安定性有多高(整理期有多長)？
   籌碼安定期愈長，就表示上檔賣壓極輕，因為之前的套牢籌碼已認賠出脫，剩下的當初既沒賣，當然之後也不會再輕易殺出來，當股價向上攻擊時，更不會有太多賣壓出現以影響價格上漲，股價也因此走得輕盈，走的高，走的遠。

2. 大盤能走多久的多頭？
   股市的歷史經驗一再提示、印證了一點：個股走勢一定會受大盤的影響，最強勢股和最弱勢股一定會在多空轉換後領先大盤，但不管領先多少，最後一定得回到大盤的軌道上來。所以，上述的籌碼安定性股的漲勢期，決定於大盤的走勢。

先看看下面圖 A 華夏／圖 B 大亞二支在3411~6484 這個多頭走勢中，在極短時間內大

K線圖

3.54

3.01(3411)

2.21(4490)

10/7　　　8　　　9　　　10

成交張數

4.40

4.35

4.20

4.05

3.90

3.75

3.60

3.45

3.30

3.15

3.00

1　　　　12　　　91/1　　　91/01/23

2250

1500

750

以34.938元作收 ·[□■][1609_　16:44:28/

幅飆漲數倍前的成交量現象吧！

大盤從 90 年 9 月 26 日的 3411 開始起漲後，到 12 月 31 日，已大漲至 5583，反觀華夏，卻一直陷於整理狀態，令人不禁懷疑，這支股倒底有沒有行情？其實，這時候的觀察重點不是華夏，反而是大盤，只要大盤持續走多，華夏就會有行情，而華夏之所以會在漲勢上落後，主因在於 3411 之前，它不但沒有隨大盤之勢下跌，反而上漲，不信請看圖 A 華夏日 K 線圖：

不尊重大盤者不漲

圖中 2.21 元是華夏的歷史低價，當時指數為 4490，時間為 90 年 8 月 2 日。然而，當大盤於 90 年 9 月 26 日在 3411 打出中底，跌幅達 24%時，華夏不但不跌，反而從 2.21 元上漲至 3.01 元，漲幅達 36%，這一來一回就是 60%，因為違反了大盤與個股互動的倫理，所以，當大盤反彈時，它反而陷入整理而不彈，只有十二月初時，隨大盤噴出而小彈了一段，但走勢相對於其它強勢股而言，也顯弱勢不少，結果

彈了幾天，它又拉回，繼續整理。

大漲實例——華夏

再看圖Ｃ華夏日Ｋ線圖：

請注意圖中★Ａ漲勢起動日之前，價雖不漲，但量棒依然很整齊，這個現象代表了一個意義——籌碼安定度極高。不僅如此，91 年 1 月後，大盤持續走多頭，因為整理夠久，技術面逐漸有利於多頭，這時候，只要一根長紅，就能將漲勢帶動起來，結果一個月內，從 3.42 元大漲至 6.55 元(圖中★Ｂ)。非但如此，在漲升中，量依然很穩定，雖曾在圖中★Ｃ處長黑大量回檔，但第二天即又縮腳反彈，這些現象在在都證明了它的籌碼安定性，所以，第一波攻勢結束後，只不過整理了一個多禮拜，又開始大反攻，一口氣又從 6 元左右大漲至 14 元以上，三個月內整體漲幅高達 5 倍以上，這種多頭力道，完全是拜籌碼安定所賜！

再回頭看圖Ｂ大亞日Ｋ線圖：

相對於華夏而言，大亞的整理期夠久，安定度也更高，而它之所以會有這麼長的整理

財訊472 第一季財報：寶聯、福登、華昕電

15.00

15.00

13.50

12.00

10.50

9.00

7.50

6.00

4.50

3.00

3   4   5   91/05/15

45000

30000

15000

城、合勤、華轟 ■ 1305_ 16:49:51/

期，是因為和華夏一樣，在大盤於 3411 急跌落底時，沒有低量急跌的緣故(3411 之後領先反彈的個股都是之前低量大幅急跌者，如 2303/2445/3041)，請看圖中★A 至★B，很明顯地，這段期間大亞雖也隨勢下跌，但一來跌幅不深，只有 21.6%，不但比大盤的 24.3%少，最重要的一點是跌得不乾不脆，不但 K 棒紅黑交錯，而且量棒也不整齊，顯示其浮額並沒有經過清洗，因此而不能與大盤同步反彈。

再看大亞的例子

再看圖 D 大亞日 K 線圖：

從 90 年 9 月 26 日，大盤於 3411 落底，至 91 年 3 月 7 日已攻抵 6136，當天大亞以一根長紅展開攻擊時，將近 5 個月時間，大盤強近 80%的彈幅(6137－3411÷3411＝0.799)，而大亞卻只彈了 40%左右而已！

然而，就因為整理夠久，籌碼夠安定，不動則已，一動起來，爆發力十足，短短一個多月期間，大漲了 206%(13.4 － 4.37÷4.37＝3.06)，請注意其走勢，根本是一口氣漲完，中

間只二度以一根黑 K 線交待回檔，勁道比華夏
還強，要不是大盤在 91 年 4 月 22 日達到 6484
滿足區而回檔(大亞於同日攻抵波段最高的 14.3
元)，大亞的走勢當不止此也！

籌碼安定就是漲

　　華夏及大亞之所以能大漲，就是籌碼安定
的緣故，技術上長期(至少相對於其它個股而言)
呈價穩量縮，浮額清洗得極乾靜，這點從量棒
整齊就可清楚地看出來，所以，一旦起漲，就
會一發不可收拾，漲幅動輒以倍計算；這是因
為之前想賣的都賣了，所以，一旦漲勢發動，
很多人見獵心喜，買進意願強烈，在想賣的人
少，想買的人多，多空力道對比懸殊，買力遠
大於賣力的情況下，股價當然大漲。

　　然而，也因為未能與大盤走勢同步，並且
在大盤走穩之前的跌勢方面領先大盤，以致於
漲勢落後，並因此停滯了多頭走勢，誠屬可
惜，不過，這也是股市不滅的定律——得失一
線間，得中有失，失中有得。

K線圖

369↑

3.22

3411(90、9、26)

90/11　　　　　12　　　　　91/1

成交張數

財訊472 第一季財報：寶聯、福登、華昕

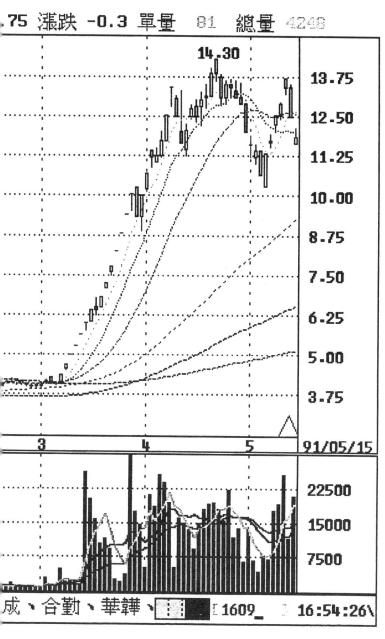

量棒不齊——籌碼混亂

上面講的是籌碼安定個股在多頭市場確定後的走勢，現在我們不妨反向思考，當大盤一路走空，而個股量棒不齊的籌碼不安定股會是什麼走勢呢？

請看下面陞技和麗嬰房二個例子：

量棒不齊股——陞技

先看圖 E 陞技在 3411 之前(圖中★所指處)的量價現象；從量上看，量棒長短不一，凹凸不平，這個現象證明了其籌碼混亂不堪，而籌碼之所以混亂，是因為有很多人對它的股價遠景沒有期望，只願做短，不肯做長，更重要的一點是沒有主力進場做多，只是一堆散戶在其中砍殺造成的結果，所以，無論漲或跌，都走得拖泥帶水，以致日 K 線紅黑交雜。

非但如此，在 3411 之前，它也沒有和大盤同步走跌，不但不跌，反而還小漲，讓人覺得其股價不夠便宜，不便宜當然做多意願不高，請注意其之前波段低點為 90 年 5 月 11 日的

23.2 元，當時指數為 5251，從 5251 到 3411，大盤跌了 35%，但陞技卻反向漲了 19.7%，這一來一回就是約 55%，當大盤跌時它不跌，這就註定了當大盤漲時它也漲不了的命運。

不僅如此，若它能和華夏和大亞一樣，從 3411 之後進入一段較長時間的整理，則或許還能循上二者模式上漲，但事實呢？

當大盤從 3411 反彈至 6484，漲幅高達 90%，最強勢個股幅已近有十倍(如 2014)，大多數個股也有二、三倍時，陞技卻只小漲了 14.2%(30.5－26.7÷26.7＝0.142)，之所以如此，還是因為籌碼不安定的問題，這一點，只要看看從 3411 到 6484 這段期間，陞技的量價現象，就可一目了然了！

籌碼不安者永遠弱勢

這種籌碼混亂的現象，一直到 91 年 3 月中旬以後，才有了些改善(參看圖 F，圖中顯示，91 年 3、4 月份時，成交量棒頗整齊，顯示籌碼似已呈相對安定矣！)，然而整理時間不夠，均線也一直無法扭轉成多方優勢，一個月後，

26.7 (3411)

90/10/16

2407_   19:47:33\

世紀贏家　　陞技（日）買　－　賣　6.9

(6484)
30.5

38.50

36.75

35.00

33.25

31.50

29.75

28.00

26.25

24.50

22.75

21.60

3　　　4　　　5　　91/05/15

60000

40000

20000

[2407_　] 19:52:45\

當大盤在攻上 6484 頂峰成頭之時，陞技在量價與技術面的劣勢下，領先大盤快速下跌，當大盤從 6484 下跌至 91 年 8 月 6 日的 4506，跌幅僅 30.5%時，同一時間內陞技卻從 30.5 元大幅下挫至 16.1 元，跌幅 47.2%，是 6484 以後最弱勢的族群之一；但情況還不止此，大盤在 4506 短線止跌後，又於 8 月 23 日反彈至 5030，彈幅共 11.6%，但陞技不但不彈，反而反向從 16.1 元再下挫至圖 G 中的 15 元，跌幅 6.8%，不僅如此，在下跌過程中，量不但不縮，反而又爆大量，這些現象，在在都證明了它是一支籌碼極不安定的個股，沒有一段長時間的整理，多頭是沒機會的！

籌碼安定就會強勢

講到這裏，也許有人會說：陞技從來都是只小漲大跌的個股，當然不會漲了！

錯矣！除了下市的地雷股之外，股價的漲跌決定於以基本面為基礎所形成的技術面，只要技術面好，股價就能漲。反之亦然。別以為陞技沒風光過，看看下面圖 H 陞技日 K 線圖就

知道了：

大盤在 89 年 12 月 28 日到 90 年 2 月 16 日中，有一波從 4555 到 6198 的反彈，彈幅 36%。同一時間內，陞技的彈幅則是 12.15 元到 38.1 元，幅度 213%，整整是大盤的六倍，不僅是這樣，當大盤從 6198 開始回檔，到 3 月 15 日，下挫至 5600，跌幅為 9.6%時，但陞技卻在同一時間內，持續其強勢，又從 38.1 元上至 41.5 元才結束，漲幅近 9%，且遠比大盤延後了一個月，才成頭回檔。

除了陞技外，讀者們不妨再簡單看一下另一個例子。

請看圖 I 麗嬰房日 K 線圖：

同樣是因為在 3411 之前，因籌碼混亂，而呈現弱勢，同理，6484 之後，也因整理期不夠，在籌碼混亂的壓力下，呈惡性盤跌現象，就可知道，籌碼不安定對股價走多的傷害有多大了！

從價看籌碼安定性

以上談的是從量的角度看籌碼安定性，現

G 世紀贏家 陸技(日)買 6.65 賣 6.7
K線圖
30.5(6484)
91/4
5
6
7
成交張數
恆生 (14:30) 8711.99(276.95),前一:

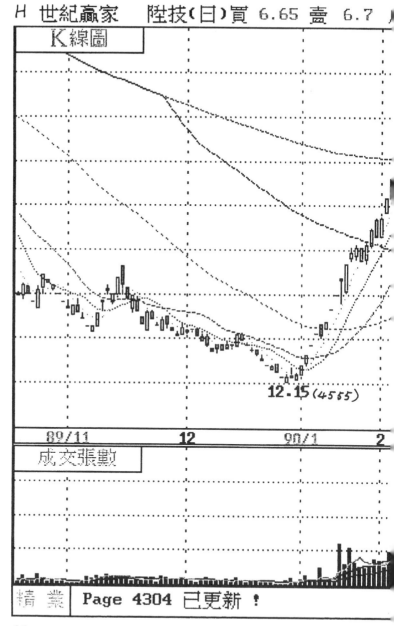

41.50

(6198)
37.9

40.00

36.00

32.00

28.00

24.00

20.00

16.00

12.00

3   4   5   90/05/14

45000

30000

15000

[2407_] 14:36:00\

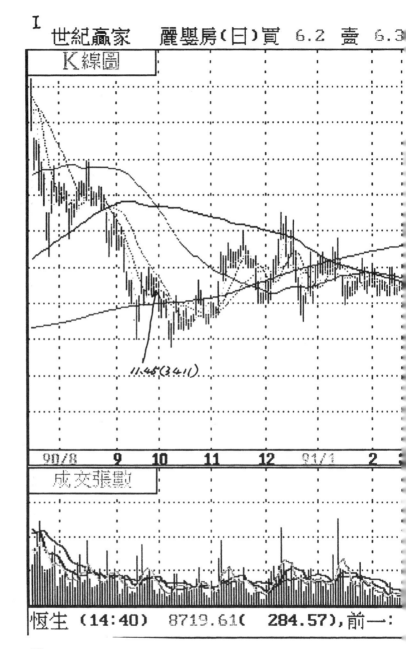

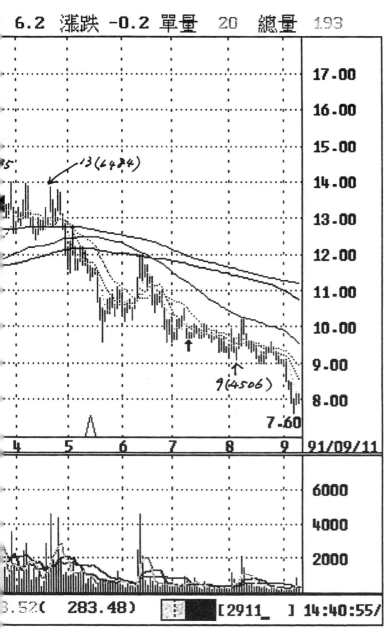

6.2　漲跌 -0.2　單量　20　總量　193

在再談從價的角度來看籌碼的安定性問題。

　　從量的角度之所以能看籌碼安定度的關鍵，是因為不管股價怎麼走，但因其中有相當一部份抱定長期投資的籌碼，這種持有者的特性是，打定主意不賣，因為持有者不在少數，所以形成了籌碼的安定性。

　　但還有另一種人，它不會死抱股票不放，而會隨機調整操作的多空方向，當漲勢逐漸明朗或股價大漲時，它會伺機向上找買點，反過來說，當有個股股價大跌時，它也會伺機找買點，而這個大跌是有條件的：

價急跌籌碼就安定

　　1.在最短期間內跌幅最大者。
　　2.跌幅雖大，但基本面並沒有愈來愈差，或即使基本面不佳，但也不會再更壞，或者根本是最壞的時機已過，雖然現在不見得很好，但以後只會更好，不會更壞！
　　說到這裏，也許有人會問：
　　面對一支跌跌不休的個股，我怎麼知道它

的基本面最壞的情形已經過去了呢？這個問題就好像一支業績一直很好的個股，但股價卻出人意料地跌多漲少，如 91 年 4 月 22 日 6484 以後的 3026/2484/2357/2388 等個股。事實上，它之所以不漲或跌，不是因為由盈轉虧，而是最好的時機已經過去或已經充份反應過了，所以即使現在還不錯，但因為沒辦法更好，加上大盤或許不佳，因而股價上不去！而它之所以走勢不振，更是因為有些知道內情的人，開始調整他對這支個股的操作態度，不僅如此，這種人不僅熟知內情，而且這是握有大把資金且對股價有影響力的操作老手，他們的操作態度自然影響了股價的走勢！

因便宜而使買盤進場

一樣的道理，當一支跌跌不休的個股，居然有人很勇敢地進場買進，而且還能扭轉該股的走勢時，你不妨跟進，道理很簡單：

股市裏永遠有一批比你我資金更多，看盤更精準、更能掌握後市、更膽大心細的人在其中打前鋒，而這些人大都是股市老手與高手，

跟著他們的腳步就對了！

不管基於什麼原因，最重要的買進動力只有一個——股價變得便宜了！

這種現象，套一句俗話說：「世界上沒有賣不掉的東西，只有賣不掉的價格！」一般東西如此，股票亦然，就好像基本面再好的個股，若是漲多了，漲高了，反應夠了，即使基本業績還是很好，但只要不能再創另一波新高峰，不管大盤再好，也會不動，甚至下跌，最重要的一個原因就是——它的股價已經讓人覺有點貴了，因此而降低了持有意願！

基本面不再惡化買盤就進場

同樣的道理，一支以往很差勁的個股，只要其未來的營業狀況不再惡化，或至少沒有下市之虞，只要它能在最短期間內有最大的跌幅，就會讓人感覺到——它的股價變便宜了，因為便宜而產生購買動機，則它的機會就來了，一旦覺得它便宜的人越來越多，而且力道勝過認為它還不便宜的總合時，在主力介入的登高一呼之下，大家一齊湧入大買，就會造成

股價的飆漲，於是微妙的現像就發生了：先前認為其技術面不佳，認為其基本面不佳，認為其股價還不便宜的人，在股價由跌反漲，且漲勢不休的現實下，其心態很快就會逆轉，並迅速由賣方轉為買方，即使股價反彈到被套牢者的成本價位時，不但不會再賣，反而反手再買，使原本不安定的籌碼轉趨安定，造成股價的飆漲。

　　值得注意的是，由於先前超跌，這種股的落底時間與落底幅度，不但遠甚於大盤，而且遠甚於其它個股，但物極必反，一旦走勢由空轉多時，會因超跌而形成超漲，而且因為籌碼安定，當漲勢發動時，其爆發力往往讓人驚嘆不已！

急跌為大漲的基礎

　　請看下面圖 J 林三號日 K 線圖：

　　大盤在 90 年 9 月 26 日於 3411 落底的前個高點為 90 年 8 月 17 日的 4715，這波跌幅為 27.6%(4715－3411÷4715＝0.276)，反觀林三號，同一時間內的跌幅則為 53.3%，比大盤多跌了

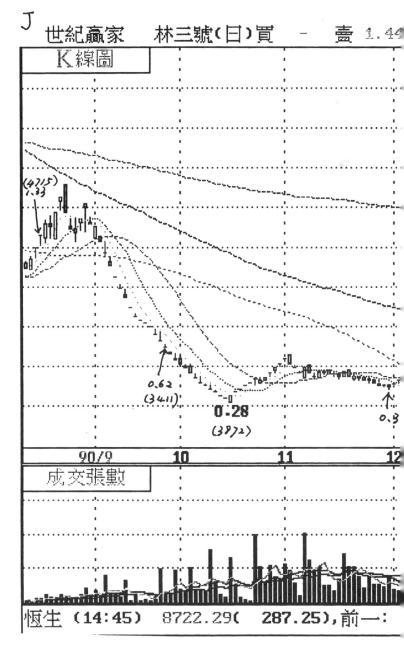

世紀贏家　　林三號(日)買　　－　　賣 1.4

K線圖

成交張數

恆生 (14:45)　8722.29(　287.25),前一:

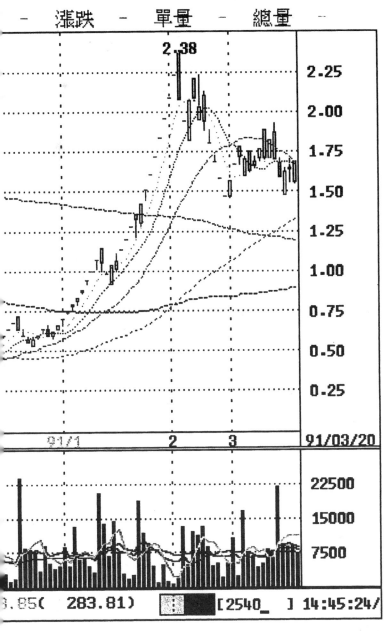

幾乎一倍，這還沒完，當大盤於 3411 落底，並於 10 月 17 日反彈至 3872 時，林三號不但不彈，反而又從 0.62 大幅下挫至 0.28 元，相對於大盤從 4715 到 3872 間，總跌幅 17.8%，林三號的跌幅則為 78.9%，78.9%除 17.8%，為 4.43 倍。

請注意，林三號在 0.28 元落底後，大盤的多頭走勢越來越明顯了，這就給許多人一個觀念——林三號的股價似乎蠻便宜的！

因為便宜，原本被套而來不反殺出的人，看到大盤越走越猛，這下也不急著賣了，不但不急著賣，反而會伺機找買點加碼攤平！

急跌就會有 V 型反彈

果然，90 年 10 月 17 日當天，林三號即以一根長紅拉開多頭攻勢，注意：當天成交量為 9686 張(圖中★A 處)，相對於前一天的 973 張雖暴增了十倍，但相較於之前的幾天的 11414 張(圖中★B 處)大量，仍屬相對小量，量之所以沒有放大，是因為大盤已處於明顯多頭走勢，化解了不少上檔套牢者的猶豫心態所致，這個

現象的意義就是：籌碼安定矣！

由於短線跌幅極大(股價相對便宜)，加上大盤一直走多的推波助瀾，因為超跌而形成超漲，請看下面圖K林三號日K線圖：

請看看 0.28 元落底後，林三號的飆漲走勢，大小波共分八波上漲，一路猛攻至 4.36 元才休，幅高達 14.57 倍，不僅如此，當大盤於91 年 4 月 22 日的 6484 成頭回檔後，林三號還大漲了四天才回頭呢！

大盤不死個股多頭不止

可以這麼說，若非大盤回檔，林三號要漲到什麼價位還不知道呢！

這個原則不僅適用於個股，當然也適用於大盤，只要股價(指數)在短期內大跌，讓大家都覺得價格便宜時，就會有買盤進場，短線跌幅愈大，買盤力道就愈強，買盤愈強，則反彈力道也會愈大，彈幅也愈高！

多空之間的循環

K線圖

0.28

成交張數

恆生　(14:49)　8703.76(　268.72),前一:

請看下面圖 L 大盤日 K 線：

即使是空頭市場，也會有反彈，反彈的原因是因為短線急跌，讓大家覺得短線相對（注意是相對）便宜而介入，短線跌幅愈大，反彈幅度也愈高，但再高也不會高過前波高點，因為愈接近前波高點，就會讓人覺得股價相對昂貴（否則上波高點也不會因賣盤過大而又拉回了），這就是空頭市場漲少跌多的循環。

當然，這樣的模式不會永遠不變，一旦股價不斷進行這種循環，且越走越低時，一定會有一個低點讓絕大多數人都覺得這已不是相對便宜，而是絕對便宜時（這個絕對當然也是相對於相對的意義，表示至少在相當期間內不會有更低價的意思），多空就會逆轉，行情由空頭轉成多頭市場。

圖中的 6484 是明顯的頭部已無疑問，但並非一路急跌，請注意 6484 以來，四波比較成型的反彈，一定是因為短線急跌所形成的；第一波從 6464 跌到 5525，8 天內跌了 939 點，跌幅 14.5%。再從 5525 反彈至 5933，7 天內彈了 408 點，彈幅 7.38%。第二波則是從 5625 下跌

至 4808，跌了 817 點，跌幅 14.5%。再從 4808
反彈至 5460，彈了 817 點，彈幅 13.5%。第三
波則是由 5460 下跌至 4506，下跌 652 點，跌
幅 17.4%。再從 4506 反彈至 5030，反彈 524
點，彈幅 11.6%。

然而，真正彈幅最大的，則是從 3845 到
5141 的這波反彈(請看圖 M 大盤日 K 線圖)，總
共彈升了 33.7%，是 6484 以來彈幅的最高紀
錄，之所以如此，答案很清楚，因為 3845 是從
5030 一路殺下來的，短短二個月時間就大跌了
23.5%，同樣也是 6484 以來的最高紀錄，跌的
深，代表價格相對便宜，自然也就彈的高了！

短線急跌促成反彈

請注意這四個反彈的共同特色：

每個反彈，都是由於短線急跌形成的，因
為急跌，且跌幅大，至少短線讓人覺股價便宜
了，因而介入。

既如此，即便在空頭市場中，一旦碰到短
線急跌(注意：這個急跌還包含了大跌的意
思)，就應是買點才對！不但要認定買點，還要

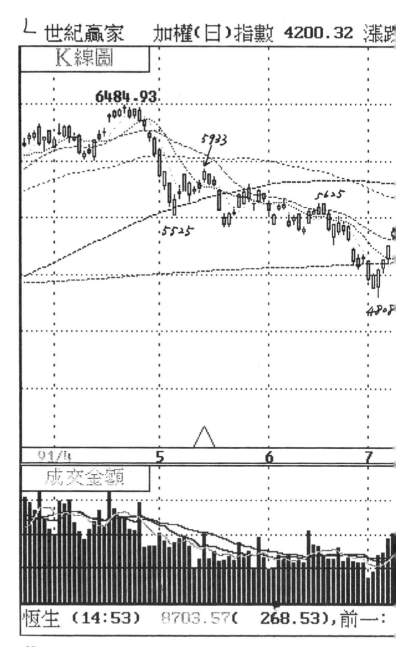

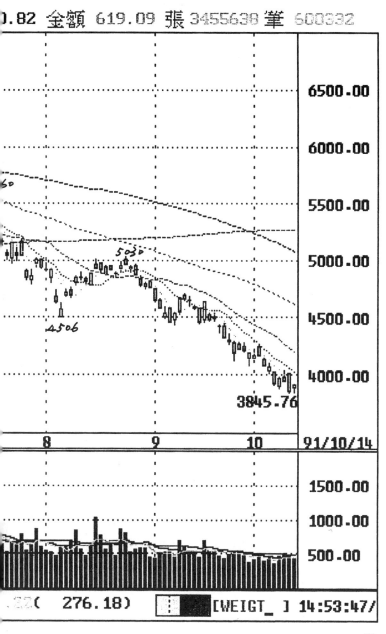

6500.00

6000.00

5500.00

5000.00

4500.00

4000.00

3845.76

8   9   10   91/10/14

1500.00

1000.00

500.00

(276.18)   [WEIGT_] 14:53:47/

5144.80

5000.00

4800.00

4600.00

4400.00

4200.00

4000.00

92/1　　　2　　　3　　92/03/20

1200.00

800.00

400.00

.59(　261.55)　[WEIGT_]　14:58:21\

大膽介入，因為只有在短線急跌初走穩時，才不會有立刻的風險，因為我們雖無法確定股價中長期的走勢，但急跌卻可讓我們確認短線是走多的，這樣的操作方式，在多頭市場中，可以不錯過中長線行情，在空頭市場中則可坐穩短線，觀望中長線，尤其是空頭市場中，總有一次反彈會變成反轉，利用急跌買進，就有機會買到中長線的低點，何樂不為呢？

話說回來，可不是一見長黑就伸手去買，誰知道會有幾根長黑呢？一旦買點不對，一路往下接，那麻煩可就大了，因為市場上的籌碼一定比你的銀子多，讓你買不勝買，最後被套牢；所以，一看到長黑，尤其是連續性的長黑時，就得準備好銀子，然後盯住大盤，看何時出現連續性長黑後的長紅，再找盤中最強勢股買進就行了！

利用穿頭破腳測多空

好啦！就算能買到中長期的底部，但在多頭走勢未形成且確認前，又如何知道？又如何抱得牢呢？

最簡單的驗證方式，就是利用穿頭破腳法，如果是空頭市場沒完，就會再破底，反之，若是不但不再破底，反而穿了頭，不但穿了頭而且還一路昂揚北上，則中長線八成就確定了，因為籌碼面已經清楚告訴你，上次的低點就是底部，否則早就被不安定的籌碼給殺破了！

第十二戰略
是看個股呢？
還是看大盤？

不管多強勢的大多頭行情，總會有回檔的時候。若是多頭行情還沒有結束，則回檔的低點一定不破上波低點。這是多頭格局必然的慣性——回檔必不破底，上揚時必穿頭。

這時候，如果個股走勢強於大盤，也就是當大盤回檔時，個股不但不回檔，反而還強勢上漲時，則可以暫時不理會大盤，盯緊操作的個股得了，因為該股還在多頭掌控中。

反過來說，當行情已開始出現空頭特性，也就是原本一路上漲的走勢，一旦出現上揚時不能再高於前波高點(穿頭)，反而又跌破前波低點(破底)時，如果原先強勢的個股依然不受大盤走弱的影響，照樣昂然前進時，還是可以暫時不理會大盤，持股續抱。

然而，一旦大盤持續回檔，而原先強勢的個股已不再自行其是，反而回歸大盤的軌道之中，隨大盤之勢走低時，就乖乖地追隨大盤操作罷！

當大盤仍處空頭行情之中，若有個股忽然拔地而起，展開飆升之勢時，除非買在起漲點，否則還是順著大盤找相對弱勢股放空得了，因爲沒有大盤背書的股價，不管多空，一定走不遠，也走不長的。

話再說回來，若有幸在空頭行情中，買到異軍突起的飆漲股的起漲點時又該如何操作呢？

答案很簡單：

一旦爆量又不能依往例漲停時，就必須拔檔落袋了！

因爲空頭行情中，飆股通常只走一波，一旦被套，想再解套，就是漫漫長夜了！

不過，這種空頭行情中的逆勢飆股操作風險極高，大多數的時候，在看個股之前，還是多看一下大盤吧！

是看個股呢？
還是看大盤？

　　有些人在操作時，往往會強調他只看個股不看大盤；因為大盤雖走空，但它的個股卻還在漲，這樣的操作對嗎？不妨好好檢視一下。

個股長線隨大盤之勢而動

　　大致說來，個股和大盤之間的互動只有一種：個股隨大盤之勢而動。

　　當大盤走多頭行情時，大多數個股也都會漲，只是漲多漲少而已。

　　反之亦然，當大盤走空的時候，大多數個股也都會跌，只是跌多跌少而已。

基於此，我們在操作時，只要盯住大盤，並檢視手中持股，只要能與大盤保持同一方向、同一節奏就行了。

個股偶而會自行其是

然而，天下事有時也會不按牌理出牌，個股和大盤間的互動，有時也會凸槌：

1. 大盤猛走大多頭，但個股卻根本跟不上大盤的節奏，雖不致於大跌，但只是小漲，甚至不漲………。

2. 大盤由多轉空，但個股卻異軍突起，逆勢上漲………。

碰到這種情形，到底是看個股定多空呢？還是依據大盤進退？

要回答這個問題之前，我們不妨再談一個老生常談，但一般人卻往往不甚理解的問題：

多頭走勢怎麼看？

多頭走勢怎麼界定？

請看圖Ａ大盤日Ｋ線圖：

A

K線圖

5126

5651

5375

5070

3699.82

90/11　　　　12　　　　91/1

成交金額

精業　C:\SYSTEX\MIDST\FUSA5.DAT 檔案

這是 90 年 9 月 26 日到 91 年 4 月 22 日，也就是從 3411 到 6484 的多頭走勢。

現在回頭看，當然是個清楚的多頭，然而，12 月中旬的 5651 之前，多頭勁道極強，但 5651 之後到 6484 之間，漲漲跌跌，既不走大多，也不走空，讓人看的膽戰心驚的，身處這樣的局面中，要如何判斷多空？即使中間面臨五度拉回，也能毫無所懼的持續做多呢？

從 5651 到 6484 之間，共有 5 個回檔低點區：5090/5375/5492/5877/6009，但我們如何知道，這些低點只是回檔而不是回跌？

中長均線不轉空

判定方法有二：

①先看均線排列

這幾個拉回中，5/10/20 三條短均線都曾跌破，甚至還下彎，但 60/120/240 三條中長均線不但仍持續昂揚北上，而且碰都碰不到，這是所謂的「長線保護短線」。也就是說，平均在 5/10/20 天內買進的少數人雖偶而處於賠錢狀態，但平均在 60/120/240 天內買進的多數人，

卻仍處於獲利狀態，而且抱得越久的人賺的越多(越長的均線離在上的股會越遠)。這一來短線投資者有時雖有賣出壓力，但在中長線投資者持股信心堅定且人數更多，力量更大的情況下，遂使籌碼安定下來，籌碼一安定，股價就不會大跌，所以回檔雖破了幾條短均線，但很快就拉升上來，再創新高，大盤重新回到完整的多頭走勢上。

回檔不破底

②看股價有否破底？

看均線排列可能麻煩了一點，不妨從穿頭破底的角度來看檢查更簡單一些，這幾個拉回究竟是只回檔？還是回跌？

多頭走勢的特性一定是：

穿頭穿頭再穿頭！

縱有回檔也不會破底。

就算短線因陷入整理而不能穿頭，也可以再換個角度看看有沒有破底？若是破底的話，就有可能由多轉空，因為，空頭走勢的特性一定是：

破底破底再破底！

再回頭看看這四個回檔是否有破底現象？

結果，不但沒破底，而且還一底比一底高，不但一底比一底高，而且回檔後的彈升，還能不斷創新高——5926/6049/6212/6326/6484。

回檔不破底，反彈即穿頭

無論是從均線排列和穿頭破底的角度來看，這是個明顯的多頭行情。

解決了大盤的問題之後，再來看個股的問題，現在問題來了！

為什麼操作個股之前，要先看大盤呢？

原因很簡單：

個股短線可以自行其是，但中長線走勢一定會受到大盤的影響。

一個簡單的比喻：

大盤像江河。而個股就像汪洋中的一條船。

順勢而行風平浪靜

如果風平浪靜又順勢而行時，船將很快很平順地航向終點。

反之，若是逆向而行，又碰上狂風暴雨時，短時間內或可向前走一小段，但時間久了則很可能翻船。

當大盤明顯走多時，選定個股做多，就能很容易輕鬆獲利；反之，若是大盤走空，又要逆勢做多時，就好像在雨暴風狂時，逆勢行船一般，翻船機率就會大增。

有了這樣的理解之後，上述問題的答案就出來了。

當大盤回檔時，只要技術面大方向仍處多頭排列，或拉回不破底時，就可以只看個股不看大盤，因為大盤的大方向會保護個股的走勢，非但如此，還可以利用大盤拉回時，檢驗手中的持股，留強汰弱。

利用大盤回檔時測試個股強弱

當大盤技術上處於多頭，但短線拉回時，個股的強弱就會在此時顯現出來：

強勢股會照強，無懼于大盤的跌勢，照樣

強勢北上，而弱勢股則會在大盤拉回的壓力下，順勢回檔。

什麼是強勢股

先說明一下，什麼叫強勢股：

①領先大盤上漲。

②漲幅比大盤大。

③大盤回檔時不但不回，反而上漲，且大漲。

符合這三條件才值得買進持有，否則就是弱勢股，不值得持有，當然也不必逆大盤之勢去放它的空。

大盤不漲時弱勢股會先回檔

請看下面圖B興勤日K線圖：

看看圖中這波從 5651(90 年 12 月 13 日)到 6484(91 年 4 月 22 日)這段漲勢，雖然只有 14.7%，別小看了這 14.7%的小多頭行情，有好幾支個股在這期間內大漲了三、五倍，但興勤呢？只從 32.8 元漲到 33.7 元，漲幅只有

2.7%，實在太離譜了！不僅如此，它的回檔過程中，還二度破底，這是什麼股？這是「植物股」，因為對大盤的多頭走勢毫無反應！買了這種股，不但多空沒得賺，說不定還賠錢，即使在多頭行情中，當然也不能抱，所以，若不幸買了它，一定得盡早換股！

不換股的結果是怎麼樣呢？看看下面圖 C 興勤週 K 線圖就知道了。

當大盤從 6484 回檔至同年 8 月 9 日的 4786 時，同一時間內的興勤則從 33.7 元挫落至 18.8 元，回幅 44.2%，比大盤的 26%(6484－4786÷6484＝0.26)整整多了七成呢？

興勤的例子可能有點誇張，那就看另一支比較正常的個股好了！

強於大盤的個股可不必理會大盤

請看下面圖 D 一詮日 K 線圖：

一詮的起漲點在 90 年 10 月初的 6.2 元，短短三個月內，大漲至 26 元才進入整理，漲幅高達 319%，相對於大盤從 3535 到 5589 這波 58% 的漲幅，一詮的強勢不問可知，無論從盤面走

B

世紀贏家　　興勤(日)買 20.7 賣 20.8

K線圖

(5651)
32.8

26.7

26.5

22.00

90/11　　　12　　　91/1

成交張數

精業　C:\SYSTEX\MIDST\MSTOCK.NAM 檔案

(6484)
33.70

33.75

32.50

31.25

30.00

28.75

27.50

26.25

25.00

23.75

22.50

3   4   5   91/05/14

7500

5000

2500

功   [2428_] 13:12:30\

C

84

39.00

36.00

33.00

30.00

27.00

24.00

21.00

18.00

15.00

18.9
(4786)

92

92/04/25

30000

20000

10000

[2428_] 11:30:45/

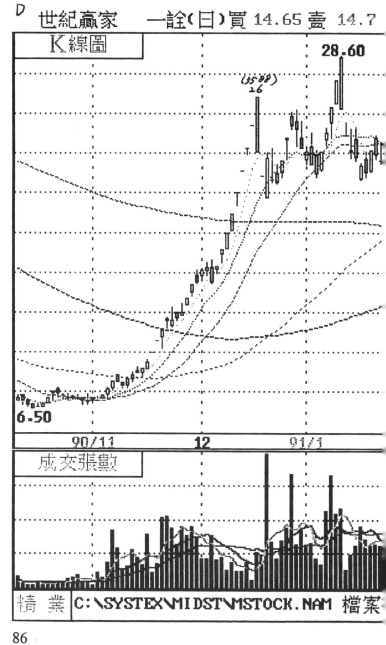

世紀贏家　　一詮(日)買 14.65 賣 14.7

K線圖

28.60

(15.00)
26

6.50

90/11　　　12　　　91/1

成交張數

精 業 C:\SYSTEX\MIDST\MSTOCK.NAM 檔案

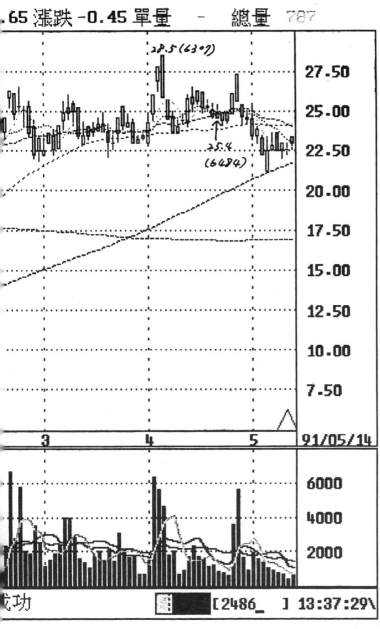

勢，技術面都遙遙領先大盤，不僅如此，在行
進間都沒有明顯的回檔，既如此，反正大盤還
是在明顯的多頭走勢中，那就不管大盤，把個
股盯住就行了！

強勢不再後就得看大盤

但 26 元以後的情況就不是這樣了！

這時的大盤位於 5588 處，時間是 90 年 12
月 13 日，之後還走了整整三個多月雖不是很強
卻很清楚的多頭行情，一直到 91 年 4 月 22 日
的 6484 才回頭！

但這段期間的一詮呢？

已不復當年之勇了！

從 26 元到 28.6 元這段走勢雖不比大盤
強，但總算還正常，但 28.6 元以後就有點荒腔
走板了！

強勢不再時就得換股

回頭看圖 A 的大盤日 K 線圖，很明顯的可
以看出來，5926 之後，大盤還不斷地創新高，

但一詮呢？28.6 元老過不去，老在那裏做狹幅盤整，四月初時，似乎多頭經過一段整軍經武後，好像又一副再起的模樣，卻偏偏在 28.5 上檔只差 0.1 元時就回頭了！相對於大盤，這是相對弱勢，就算大盤還在走多，但個股不走多，還抱著幹嘛？當然是出了！

不出、不換股的結果是什麼？

當大盤走到 6484 高點，同時也有不少個股同步或已經創新高時，一詮反而大壓回到 25.4 元，6484 以後呢？股價頻頻走低，一路殺到 91 年 8 月 6 日的 13.15 元才有個比較像樣的反彈 (請看圖 E 一詮週 K 線圖)！

一個簡單的結論：

絕大多數股市投資人操作股票的目的都只有一個：賺取股價浮動的價差。

28.6 元之前的一詮，強於大盤，不受大盤拉回的影響，一路扶搖直上，這時，反正大盤還在多頭格局中，當然可以不必理會大盤，只要盯住一詮強力做多得了。

28.6 元以後的一詮，盡管大盤還在走多，但一詮已經無法再領先大盤，更不能再像之前

E

世紀贏家　　一詮(週)買 14.65 壹 14.7

484)
2.3

13.1

(4808)

92

92/04/25

[2486_] 11:25:33/

一般強力上漲，這時候，只好將一詮獲利了結，在大盤還走多的情況下，另找新強勢股操作，除此之外，別無它法了！

一詮的情況較簡單，就算大盤還走多，反正只要弱於大盤就拔檔，情況清楚明瞭！

但下面這種情況就複雜了！

大盤走空但個股持續強勢

大盤已回頭走空，但之前強勢的個股仍持續強勢，根本不理大盤的拉回，照樣扶搖直上時，又該怎麼辦？

請看圖F燁輝日K線圖：

燁輝的起漲點比大盤稍晚，起漲日為90年11月30日的2.2元，當時大盤指數是4507，到6484時，燁輝已攻至7.2元，漲幅達227%，相對大盤屬算是強勢。

大盤走到6484時，從技術面與盤面上看，都看不出就是波段高點，第一個空頭警訊出現在4月25日那天，當天收了根近百點相對大量(1457億，前一天1039億)長黑，以後即一路走跌，四天後(5月2日)終於出現了正式的空頭訊

號，當天收了根 197 點的大長黑，指數收 5867，正式跌破了大盤最近的一個低點 6009(參看圖 A 大盤日 K 線圖)，而當天的燁輝呢！盤中最高 7.8 元，收盤 7.6 元，小漲了 0.25 元，對比大盤，屬相對強勢。

大盤走空別理逆勢股

現在回頭看看，對比大盤而言，燁輝還真是強勢，因為自大盤從 6484 走空至 4979 時，燁輝反而從 7.2 元大漲至 14.5 元，整整漲了一倍，光看技術圖，很多人都會認為 6484 以後燁輝續抱是正確的，但這是事後諸葛亮，何況還不一定對呢？

從技術面上看，似乎該抱，因為它相對大盤強勢，但若看盤面走勢，相信沒幾個人敢抱，抱得了！

請看圖 G 燁輝五分鐘走勢圖：

從 91 年 4 月 22 日的 6484 到 5 月 2 日的 5867，大盤開始由多轉空，燁輝雖呈相對強勢，但這期間內，那一天不是上下激烈震盪！

4 月 23 日那天，最高 7.55 元，最低 7.1

世紀贏家　　燁輝(日)買 21.2 賣 21.3

K線圖

4·07

91/2　　3　　　4　　　5

成交張數

精　業 C:\SYSTEX\MIDST\MSTOCK.NAM 檔案

.2 漲跌 -1.0 單量 127 總量 27840
14.50
13.75
12.50
11.25
10.00
8.75
7.50
6.25
5.00
6
7
8
91/08/20
75000
50000
25000
成功
[2023_] 13:44:31\

短線法寶

7.55

7.45

(6484)

7.1

6.9

(6348)

4/19　　**22**　　**23**　　**24**　　**25**

成交張數

8.00

7.80

7.60

7.40

7.20

7.00

6.80

6.60

8

7.2

(5867)

| 29 | 30 | 5/2 | 3 | 91/05/03 |

4500

3000

1500

【2023_ 】 16:35:57\

元，上下震幅 6.33%，請注意，7.55 元是漲停，漲停從 9 點 55 分鎖至 11 點 25 分，因為大盤大震盪，硬是被敲開！

4 月 30 日那天更恐怖，從開盤不久攻至 8 元(上漲 0.3 元，漲停為 8.2 元)後，又反向一路殺至跌停價 7.2 元，上下震幅 10.3%。

請問這樣的盤面走勢，誰抱得住？誰敢抱？

而這還只是燁輝的盤面走勢，再看看同一時間的大盤，就知道即使像燁輝這種強勢股會讓人怎麼操作了！

請看下面圖 H 大盤五分鐘走勢圖：

6484 之後二天，大盤雖不強，但走勢還算平穩，但 4 月 25 日以後，就不是那麼回事了，一路大跌、急跌，七天之內，從 6464(4 月 25 日最高)一路狂殺至 5525(5 月 7 日最低)，共跌了 939 點，跌幅 14.5%，在大盤不斷重挫的陰影下，即使燁輝也不大能讓人抱得住，請看圖 I 燁輝週 K 線圖，6484 之後，燁輝不但不跌，反而從 7.6 元大漲至 41.3 元，漲幅高達了 343%，驚人極了，然而，仔細看看這段大漲期間的日

K 線圖，不是紅黑棒交錯，就是頻頻留下上影線，而這還只是週 K 線，盤中的震盪之激烈，可想而知，不僅如此，既然大盤走空，則大跌個股一定很多，幹嘛不順著大盤找弱勢股放空？而一定要膽戰心驚地抱著燁輝去面對其不可知的未來呢？

再看第二個問題：

空頭行情的逆勢股

當大盤走空時，如何看待逆勢上漲股？

是看大盤操作呢？還是不理大盤？盯住個股就得了？

先依老規距，界定一下什麼是空頭走勢？

事實上，只要把本文一開頭談到的多頭走勢持性反過來就行了！

從穿頭破底看多空

1.均線是否呈空頭排列？

2.反彈是否能穿頭？下跌是否必破底？

請看下面圖 J 大盤日 K 線圖：

短線法寶　(6494)

(6348)

| 4/19 | 22 | 23 | 24 | 25 |

成交金額

精　業　C:\SYSTEX\MIDST\MSTOCK.NAM　檔案

6400.00

6300.00

6200.00

6100.00

6000.00

5900.00

5800.00

(5 5 25)

| 29 | 30 | 5/2 | 3 | 91/05/03 |

75.00

50.00

25.00

成功　　　　　[WEIGT_]　16:41:47/

I

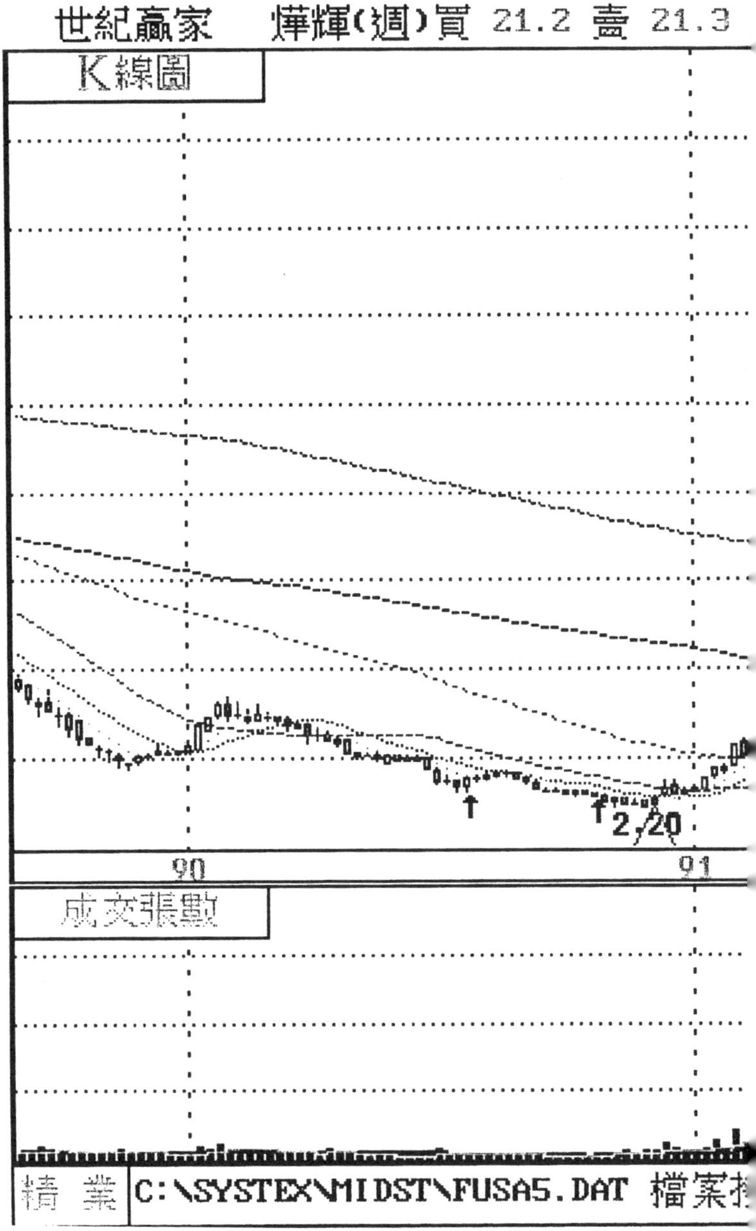
世紀贏家 燁輝(週)買 21.2 賣 21.3
K線圖
2/20
90
91
成交張數
精 業
C:\SYSTEX\MIDST\FUSA5.DAT 檔案

(4/25)
41.30

40.00

35.00

30.00

25.00

20.00

15.00

10.00

5.00

92/04/25

450000

300000

150000

[2023_] 12:02:35/

J

世紀贏家　　加權(日)指數 4233.54 漲跌

K線圖

6484.93

5933

5796

5625

5525

5421

546

4809

91/4　　　　5　　　　6　　　　7

成交金額

104

6500.00

6000.00

5500.00

5050

5000.00

4500.00

06

4000.00

3845.76

9   10   11   91/11/28

1500.00

1000.00

500.00

[WEIGT_] 13:56:08\

6484 以後，六天內 5/10/20/60 四條短中均線，不但毫無抵抗地跌破，且迅速下彎。

　　5 月初 120 日線也跌破，6 月初開始下彎。

　　6 月下旬，240 日線跌破，從此再也站不上去。

　　8 月上旬，均線進入全面空頭排列。

　　再從穿頭破底的角度看。

　　6484 之後，共有五波大小不一的反彈，但高點卻越來越低，分別是 5933/5796/5625/5460/5030，這是反彈不穿頭，低點呢？也越來越低，分別是 5525/5421/4808/4506/3845。這是回檔必破底，是個很明顯的空頭走勢。

　　既是走空，則大多數個股都會走跌，順勢找個股放空就得了！

　　然而，就好像多頭市場中也會有相對弱勢股，甚至反向下跌股一般；空頭市場中也會出現一些逆勢走多股；咦！碰到這種局面，是順大盤之勢找弱勢股放空呢？還是做這種逆勢股的多呢？

行情走空前就買的不妨續抱

如果是大盤由多翻空之前就走大多頭，大盤走空之後還持續上漲的個股，只要是翻空之前就買進，反正有本錢，萬一轉折時（由多翻空）沒賣，或許還可以且戰且走一番，但下面幾種空頭逆勢股可就讓人步步驚魂了！動作慢的，很可能就萬劫不復了，因為空頭行情中往往會出現一些多頭陷阱股！

　　請看下面圖 K 萬泰科日 K 線圖，對比一下，從 92 年 2 月 19 至 3 月 14 日間大盤的走勢，是個從 4672 到 4532 的空頭行情，但同一時間內的萬泰科卻從 8 元左右大漲至 22.6 元，一個月不到的時間內大漲了 180%，但逆勢走揚的結果，只要大盤持續走空，還是得回歸原點，最後還是以大跌收場，除非您是在起漲點進場，否則，還是只有被修理的份。

　　關於「空頭走勢中的多頭陷阱」，請參看本書另篇專章，此處不贅，我們要談的反而是空頭市場中的空頭陷阱。

　　什麼叫做「空頭走勢中的空頭陷阱」？

空單在高檔被洗掉

世紀贏家　　萬泰科(日)買 12.5 賣 12.5

K線圖

5.00

　　　　91/11　　　　　12　　　　　92/1

成交張數

精　業 C:\SYSTEX\MIDST\MSTOCK.NAM 檔案

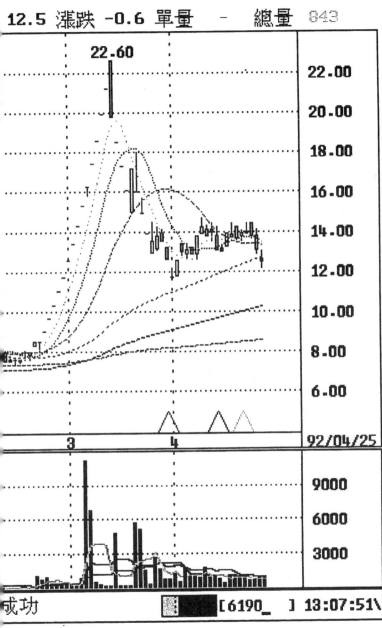

92/04/25

成功 ░░░ ▓▓▓ [6190_] 13:07:51\

簡單來說就是：好不容易在多空易位，空頭市場初臨時，在高檔放的空，但空單卻抱不住，在下跌初期就被洗掉了，後面一大段跌勢沒賺到錢，但這也就罷了！最慘的是，空單被洗掉還不打緊，還反手抱多單，結果本來可以大賺的局面，變成大輸，為什麼會這樣？

　　二個原因：

　　一是不尊重大盤。

　　二是對空頭市場中巨量長紅(個股或大盤）的恐懼。

　　如同多頭市場中會有超強個股一般，空頭市場中也會有超弱勢股，而不論超強或超弱，這種股的特性就是長線領先大盤，短線不理大盤。

　　意思是說，當大盤的大方向明確時，它的走勢會遙遙領先大盤；當大盤中途有回檔或反彈時，它也不理會大盤而依其原來的方向行進。

巨量長紅的陷阱

　　以空頭市場中的領先形弱勢股而言，大盤

還未成頭反轉時，它已領先大盤下跌，當大盤真正走跌時，它已大跌一段，當大盤有反彈時，它也會順勢意思意思彈一下，但彈幅一定小於大盤，空到這種股，只要大盤不反轉翻多，空單抱牢就是了，但就有人會在下跌過程中大上其當，把能賺大錢的空單給放掉了，而罪魁禍首就是下跌過程中的「巨量長紅」。

請看下面圖L國巨日K線圖：

當大盤在6484成頭反轉時，國巨當天最高價為33.6元，並沒有與大盤同步創新高，因為新高早在3月12日的34元就出現了，相對於大盤而言，它是相對弱勢。

如果有幸能抓住大盤6484的轉折，而放了國巨的空，就會得到抓對方向，掌握時機的回報，股價在十二天之內，從33.6元重挫至20.3元，跌幅近40%。

空頭走勢中的巨量長紅

但20.3元這天，雖然全場大部份都在低檔盤旋，但尾盤最後廿分鐘卻拉出了長紅，不僅如此，還放大到17萬多張的巨量。

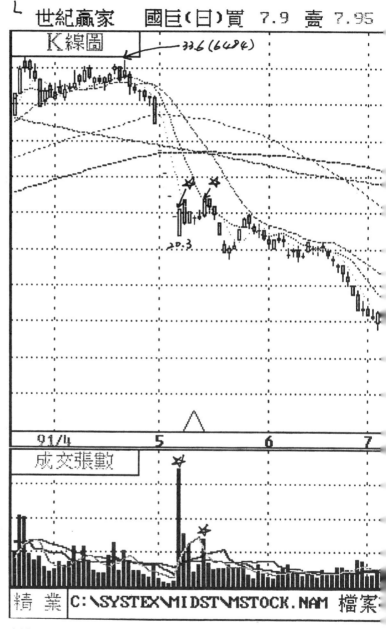

.9 漲跌 -0.35 單量 32 總量 33701
33.00
30.25
27.50
24.75
22.00
19.25
16.50
13.75
11.00
8.25
8.50
v0.15
8
9
10
91/10/09
150000
100000
50000
功
[2327_] 13:17:19/

對很多人而言，這似乎是個極重要的訊號：

巨量長紅不就是走勢反轉的訊號了嗎？

尤其是股價已經跌了這麼多，成相對低檔，反轉也並不奇怪啊！

既如此，反正也賺了一小筆了，不妨回補吧！

不妨檢視一下這根巨量長紅。

大量！誰在賣股？

處於這個相對低檔，還有誰在供應籌碼？

有賣有買才會有成交量，但籌碼到底到了誰的手上？是主力？還是散戶？

若是主力想拉抬，為何不在大盤仍處多頭行情中，順勢借勢，不是更輕鬆愉快？

若籌碼是由主力吃進的？那供應的人也絕非等閒之輩！如果是主力吃進的話，這根量也夠吃飽了！若是這樣，則第二天理應展開飆升走勢才對？

這些質疑都有其必要性，但忽略了最重要的一點：大盤現在是什麼情勢？

主力不會在空頭市場中進場

若大盤已進入空頭，而主力卻選在這時候進場拉抬，恐怕吃力不討好！

面對這種情況，最好的判斷依據是看大盤，若大盤已走空，則個股技術面的優勢都將會被抵消掉！

不妨回頭看看同一天的大盤。

結果，大盤已經由多轉空了：

①首度跌破 6484 之前第一個低點 6009。

②除了 240 日線之外，5/10/20/60/120 日五條均線均已跌破，且技術面呈空頭排列。

大盤走空，但國巨比它更空，在大盤的壓力下，國巨未必能有多大行情。

結論是：空單續抱絕不翻多。

而且即使大盤正式翻多，只要國巨仍走跌，就可以不必理會回補，除非它出現了巨量長紅，除此之外，之前的任何巨量長紅（圖中有★處）都可以不必理會。

相對於下面要談的另一個例子而言，國巨的問題算是簡單多了，因為它與大盤走同一個

方向，而且也幾乎同步（只比大盤早幾天走空），因為對大盤亦步亦趨，觀察大盤就可以推斷出其未來走向，操作起來簡單明快！

別輕信空頭行情的逆勢股

但是當大盤由多翻空，且越走越空後，就會有一類股，它不但不走空，一直保持強勢整理，不論大盤怎麼跌，技術面總能呈多頭狀態，非但如此，它還會在大盤越走越低迷時，異軍突起，以漲停長紅突破整理區，一副即將再飆的模樣，碰到這種股，先別急著追價，一定要先檢視一下大盤，看看大盤在什麼位置，否則麻煩就大了！

請看下面圖M世峰日K線圖：

當大盤由 6484 下挫至 4506，跌幅 30.5% 時，同一時間的世峰，不過從 32.8 元下跌至 25.7 元，跌幅只有 21.6%，對比大盤屬強勢矣！

不僅如此，4506 時的大盤已呈全空排列，但世峰則不然，120/240 二條重量級長均線上揚，而 5/10/20/60 日線雖跌破且下彎，但距當

時股價極近，且又糾結，只要二根中長紅就可向上拉開，形成多頭排列，對比大盤屬絕對強勢。

當大盤於 4506 極短線落底，並展開一段五百餘點反彈時，世峰也積極反應，當大盤反彈至波段高點 5030，彈幅 11.6%時(5030－4506÷4506＝0.116)，同一時間的世峰則從 25.7 元反彈至 33.3 元，彈幅達 29.5%，不但遠高於大盤，還穿了 6484 時 32.8 元的頭，勢頭頗驚人！

5030 後的第二天，大盤由波段高點開始回落，當天下跌 32 點，世峰卻展現超強走勢，不但逆勢拉出了根巨量漲停長紅(圖中★處 35.4 元處)，還創下了波段新高，無論盤面或技術面，在在都顯示世峰似乎將再攻一波了！

逆勢股是否續強.....？

要確認這一點只有一個方法：
第二天跳空開高，且量縮鎖死漲停。
因為：既然創了新高，上檔已無太大賣壓，且又出了大量，若是主力吃貨，則籌碼也

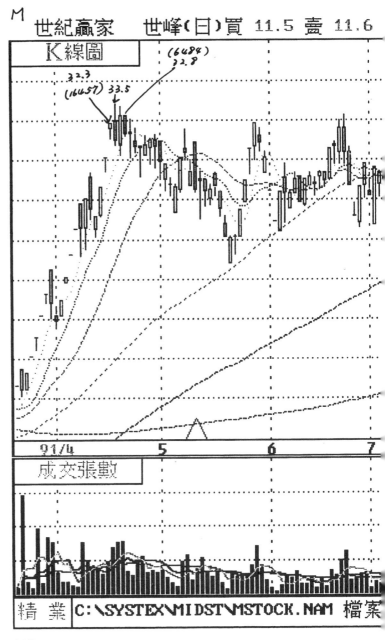

✿ 35.4 36.80 (120.5 / 4958)

35.00

33.3 (5030)

32.50

30.00

27.50

25.00

25.7 (108.22) 4806

22.50

20.00

17.50

15.00

14.55

| 8 | 9 | 10 | 91/10/09 |

9000

6000

3000

功 [5442_] 13:21:48/

夠多了，沒有理由不這樣走！

　　但事實結果完全不是這麼回事。

　　開平高走小高後立刻拉回，最後收了根小漲 0.1 元留有長上影線的日 K 棒；更糟的是，量比昨天的大量還大！第三天起更開始走跌、大跌，原先的多頭排列變成空頭排列，原先的相對強勢變成絕對弱勢！

　　更慘的是，一旦空頭排列形成，並轉成弱勢之後，股價就一路跌跌跌，幾乎完全不理會大盤的反彈，或對反彈的反應麻痺，從 91 年 8 月開始走了一段八個多月的空頭行情，還至今未歇呢！(參看圖 N 世峰週 K 線圖)

　　為什麼會這樣？

逆勢股終會回到大盤軌道

　　因為大盤的反彈波已走完，回到原來的中長空的軌道上了！

　　請看下面圖 O 寶成日 K 線圖：

　　寶成是 79 年 1 月 19 日以 41 元上市的，當時大盤指數為 11509，距離歷史高點 12682(79 年 2 月 12 日)只有 2419 點，營業時間也只有 13

天，別以為 2419 點很多，相對於 11509 而言，不過 21%左右；由於是新上市股，寶成當然也依慣例展開蜜月行情。

　　當大盤攻抵 12682 歷史高點時，寶成也已飆升至 141.5 元，距上市價 41 元已大漲 100.5 元，漲幅 251%，141.5 元以後，大盤開始進入一個股市歷史上空前未有的空頭行情；但寶成不畏大盤的空頭走勢，持續飆升，又從 141.5 元大漲至 292 元(79 年 3 月 10 日)，當天大盤為 11924，隨後回檔至 210 元(79 年 3 月 28 日)，當時指數為 10507，此時大盤的技術面幾乎已全面翻空，但寶成卻在小盤整二週左右後，再度無懼於大盤的空頭走勢，又從 210 元左右逆勢大飆升，於 79 年 5 月 31 日飆至天價 510 元，當時指數為 6176，已腰斬矣！

　　大盤打對折，寶成卻逆向大漲了 142%！然而腰斬的大盤並沒有從此止跌反轉，在技術面早已呈完全空頭排列的強大壓力下，又從 6176 大跌至 79 年 10 月 12 日的 2485 方休！

　　回頭看寶成，從 210 元到 510 元這段逆勢大漲的行情中，可以明顯的看出來，股價越

44.00

40.00

36.8

36.00

32.00

28.00

24.00

20.00

16.00

12.00

8.00

0.65

92

92/05/02

22500

15000

7500

[5442_] 14:07:48\

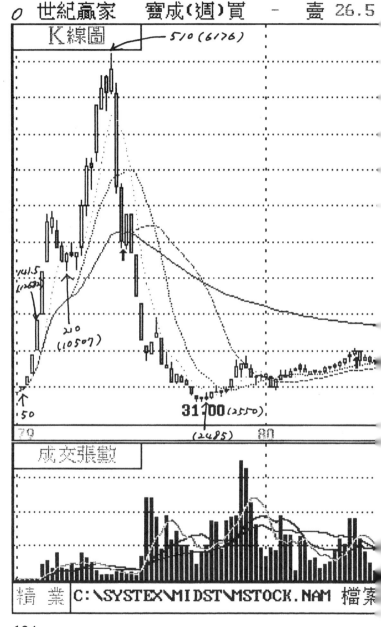

漲跌 -1.9 單量 33 總量 38240

500.00
450.00
400.00
350.00
300.00
250.00
200.00
150.00
100.00
50.00

81/10/09

60000
40000
20000

成功 [9904_] 13:26:34/

高，成交量就越低，這個現象所顯示的意義就是，主力已陷入自拉自唱的孤軍奮戰之中矣！

籌碼被主力鎖定，股價自然越走越高，相對的操作及資金的運作也越來越艱難，因為要被迫買一大堆高價的籌碼以維持股價於高檔不墜。更重要的一點是股價拉過頭了(已幾乎是當時的股王)，出貨當然不易，誰要買這種不順大盤之勢下跌，反而逆勢狂漲的高價股呢？

最後的結果是，寶成從 510 元一路崩跌下來，四個月之內重挫至 31 元，股價打了 0.6 折，連一成都不到，不但把上市以來的漲幅都跌完，還倒貼了整整十元，而同一時間內的大盤也不過從 6176 下跌至 2485，不過打了 4 折而已，二者對比，寶成的跌幅則是大盤的 6.6 倍(40%÷6%)，就算以天價對天價，地價對地價，大盤從 12682 下跌至 2485，也不過是打了個 1.95 折，對比寶成的 0.6 折，還是強了三倍呢！

股市歷史經驗顯示了一點：

個股可以一時逆大盤之勢，但不會永遠逆勢，最終還是會回到大盤的軌道上來，寶成不

過眾多例子的其中之一而已。

　　當大盤走多的時候，最強勢的個股可以超越大盤，只要能持續走強，就能暫時只看個股不看大盤，一旦不能再強於大盤時，也只能隨勢而動，這時候當然要回頭看大盤而不是看個股了。

　　反之亦然，當大盤走空時，會有少數個股逆勢持強，對這種股看看就好，別去理會，因為能幫我們賺錢的順勢空頭股極多，何必去招惹這種違背與大盤互動論理的不定時炸彈股呢？

第十三戰略
解構逢低買進
與逢高賣出

市場上常聽到一句話：

「逢低買進，逢高賣出。」

問題是什麼是低？什麼是高？

事實上，無論低或高，都有二個不同的層面：相對與絕對。

不論是空頭或多頭行情中，價格一定會有波段的低點或高點。

然而，若低點之後還有低點，則這只是相對低點，在這種低點「逢低買進」，肯定會賠錢！

當然，你也許會說，事先誰能知道這個低點是相對低點或絕對低點？這話說的不錯，既然不知道，何妨多等一下！

等什麼？

等低點出現之後，看反彈能否穿越前波高點，若答案是肯定的，而回檔後又能守住不破這波低點時，則絕對低點（這當然是指波段）就出現了，這時候進場，安全性高多了！

我們可以這個未破的本波低點為停損，只要不破就續抱，等待它能突破上波高點，並慢慢轉換其只破底不穿頭的慣性，變成只穿頭不破底，並靜待獲利。

退一萬步說，就算它又破了底，也可以立刻執行停損，損失並又大；但卻是種最穩當，最有可能買在距絕對低點最近之處。

反過來說也一樣，見股價走高就賣，執行所謂「「逢高賣出」，似乎看起來很明智，問題是，若高點之外還有高點，甚至高高點呢！追嗎？變成「追高」，似乎與逢高賣出的原則不符！不追嗎？可能放掉一條大魚？迷惑嗎？不妨從上述的低價觀點反推，就可思過半矣！

天下沒有人能預測股價的絕對高低。所以，面對股價可能的高低檔，不必事先測測，以免自陷迷思，一切回歸市場機制，當低價出現後不再有更低，這才值得「逢低買進」；反之亦然，當高價之後不再有高價，才是最好的

「逢高賣出」點，雖然不是買在最低，賣在最高，卻是最安全，最能獲利的操作原則！

解構逢低買進與逢高賣出

操作慣性 VS 物極必反

　　一般人在操作股票時，時間久了，就會形成二種特殊的慣性：

1. 和曾經讓他賺過不少錢的個股談戀愛。
   意思是：永遠只操作幾支曾讓他賺到錢的個股。

2. 做多時一味看多，做空時一味看空。
   意思是：永遠只以慣性思考，不會變通。

　　然而，股票市場和人間萬物一般，會有一

定的循環，就好像人類史上最有智慧的偉大中國智者老子所說：「物極必反」。天下沒有只漲不跌或只跌不漲的股票；不會有永遠的多頭也不會有永遠的空頭行情，因為所有的事與物都會有上下高低的循環。

再強悍的個股也會大跌

一支再好的個股，盡管能狂飆、特飆，大漲個三、五倍，甚至三、五十倍(別懷疑，股市真有不少這樣的例子)而支持它大漲的原因，除了個股本身的各項條件外，最主要的還是大盤的多頭走勢(影響大盤的則是外在的大環境)，然而不管大盤有多強，不可能永遠強勢，一旦支持大盤走大多頭的條件消失時，哪怕是超強的多頭走勢也會開始回頭，形成空頭，甚至大空頭，而其大空頭走勢很可能會比原先的大多頭走勢更強、更兇悍，空、空、空、空、空，一空而不可收拾。

隨便舉二個例子：

幾個飆漲暴跌的例子

以台火為例：

請看下面圖Ａ台火月Ｋ線圖：

如圖所示，台火曾從 76 年 5 月的 29 元左右，大漲至 78 年 9 月的 1420 元，二年多內，大漲近 50 倍，夠兇悍了吧！但在 90 年 11 月時，股價卻只剩下 2 元！跌幅高達 99.86%(1420－2÷1420＝0.9986)，如果在 1420 元時投資一千萬元買台火，二年二個月後,只剩一萬四仟元。請注意，1420 元那天，台火成交 956 張，成交金額高達 13 億元，而一千萬元大約只能買 7 張而已，別懷疑！一定會有這麼不幸就套在這個價位上的人！

以寶祥為例

還有更離譜的！那就是寶祥。

請看圖Ｂ寶祥月Ｋ線圖：

77 年 8 月，寶祥不過 27、28 元左右，但 79 年 2 月時，卻已大漲至 650 元，二年內大漲了 23 倍。但 90 年 10 月時，卻慘跌至 0.6 元，跌幅高達 99.96%(650－0.2÷650=0.9996)，若在

650 元時(當天成交量 1686 張，金額約 10 億元)買一千萬元約 15 張，11 年後，只剩 3000 元左右，比台火還慘！

這種跌法，別說一般投資人，就算世界首富比爾蓋茲也受不了！

也許有人會說：台火和寶祥雖曾大漲，但後來都成了問題股，才會跌的這麼慘，既如此，不妨再看二個傳統績優股的例子：

以國泰金為例

請看下面圖 C 國泰金月 K 線圖：

78 年 6 月，國泰金在大盤走大多的護持下，曾大漲至 1975 元，一張股票就可買一部小賓士，在當年，是很多投資人可望而不可及的高價股，但 90 年 8 月時，股價卻來到了 29 元。跌幅高達 86%。

國泰金是問題股嗎？當然不是。

從上市以來，幾乎每年維持 5 元以上的股利，即使黃金時代過去了，但每年也能維持 2 元以上的股利，一直以來，不但是保險業的龍頭，也是一支傳統的績優股。然而，為什麼股

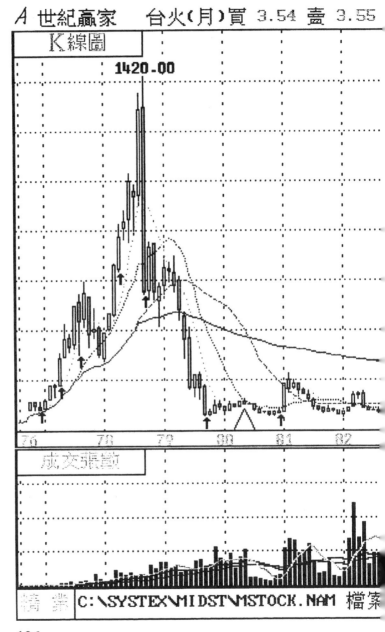

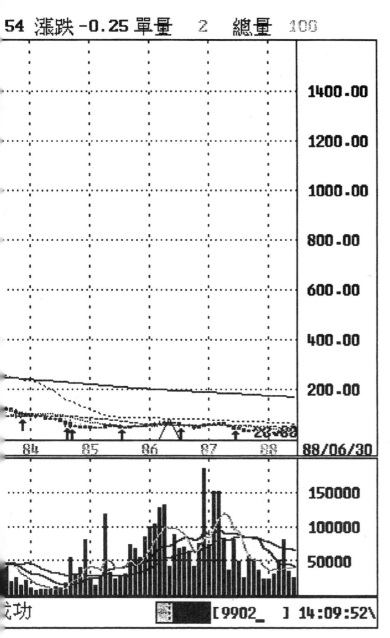

B

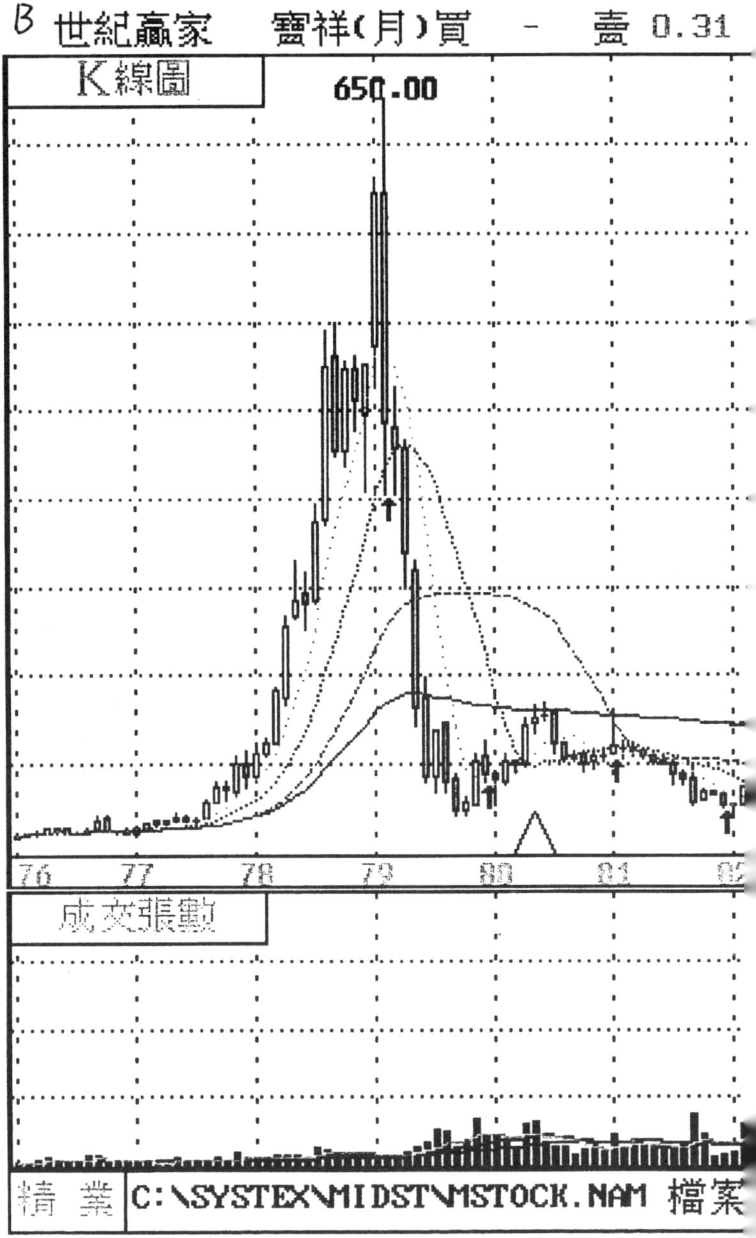
世紀贏家 寶祥(月)買 - 壹 0.31
K線圖
650.00
76
77
78
79
80
81
成交張數
精 業
C:\SYSTEX\MIDST\MSTOCK.NAM 檔案

K線圖

1975.00

76　　77　　78　　79　　80　　81　　82

成交張數

精業 C:\SYSTEX\MIDST\MSTOCK.NAM 檔案

39.8 漲跌 -0.7 單量 19 總量 7013

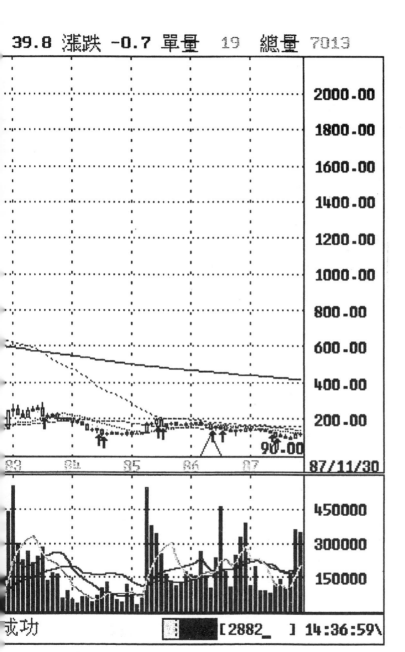

戎功 　　[2882_] 14:36:59\

價在這十年來一直積弱不振呢？

再看另一個也是績優股的例子。

以威盛為例

請看下面圖D威盛週K線圖：

威盛是88年3月4日以120元上市的，短短一年多的時間，就大漲至629元(89年4月12日)，漲幅424%，然而二年半以後的今天(92年4月4日)卻只剩下了32.3元左右，等於腰斬了三次多，雖比上述三支股稍好些，但也是夠慘的啦！

這是怎麼回事？

股價歷史未必是未來

影響股價漲跌的基本面、技術面、籌碼面、大環境也許不是那麼容易掌握，因為其中牽涉的因素太複雜，而彼此之間又有緊密的連動，互相影響，互為因果，其中的變數極多，真的讓人抓不準，但這些現象與結果，都會從技術面上顯示出來，因為強或弱，漲或跌，是

一目了然的事，所以，我們不妨從這個角度來決定操作上的多空方向，而不要根據它的歷史去判斷它的未來。

以上述四支個股的例子來看，從天價以降，一定有很多人雖不是套在天價上，也會套在它的高檔上，而這些高檔套牢的人，一定也有人在不同價位出脫，出的價格愈高，就表示賠損的金額愈小，反之則愈大。但也有人在天價前甚至初漲期就進的場，卻又一路抱下來，結果由大賺變成大賠，關鍵在哪裏？

慣性不會永遠不變

關鍵就在於它無法調整它的操作慣性，也就是說，因為先前做多，讓他賺了大錢，於是就認定這支股是只漲不跌的，問題是，天下根本沒有這種股票，而當它的走勢慣性在改變時，技術上就會一目了然地顯示出來。也就是說，不管影響股價走多或走空的內在條件怎麼變，怎麼撲朔迷離，但它最終還是會反應在股價走勢的變化之上。

600.00

525.00

450.00

375.00

300.00

225.00

150.00

75.00

39.00

91/10/11

300000

200000

100000

【2388_ 】 15:07:39/

145

運動方向改變就是慣性改變

簡單說來,當一路走多的股價忽然頓兵不前,或一路走跌的價格忽然不再回頭時,就是我們開始考慮,是否該改變原本操作方向的時候了,因為個股股價走勢慣性已在改變了!

個人的期待或操作習慣不可能影響股價漲跌,因此,當你的操作方向和股價走勢背離的時候,當然是你去適應股價走勢,違反這個原則,只會讓你操作失敗,大賠特賠而已!

請看下面圖E禾伸堂日K線圖:

天價999元之前的禾申堂,是從72元起漲的,漲勢分三波,每波都很強,而且,在波段上漲前,整理期都不長,一旦整理結束上漲,想買都買不到,讓很多人眼睜睜地看它一路由二位數的價格逼近四位數!

也就是這種之前強悍的走勢,加上他當年17.5元EPS的超高獲利,盡管在999元天價出現後,已經強勢不再,且從高檔頻頻回檔,但已介入的投資人還是「吾道一以貫之」地以為,這不過是漲多拉回而已!只要整理個幾

天，它的漲勢將會再起！

這是已進場者的心態！

以歷史經驗操作者必敗

還有一些空手者(沒買禾申堂的人)，在 999 元狂飆之前，沒機會介入，看到回檔，就認為機不可失，因而「逢低買進」，甚至還愈跌愈買，結果買了之後又是跌跌跌，跌了之後又不肯認賠殺，因為它的操作慣性告訴他：

這種好股，跌了也不必怕，它很快又會再漲的！

然而，事實真相呢？

先來看看禾伸堂的技術面，就一目了然了。

多頭走勢的特性

禾伸堂在上市一開始，它的走勢特性就是：

飆！飆！飆！

共分成三波段大漲，每一段漲勢中，雖有

世紀贏家　　禾伸堂(日)買 42.8 臺 43.

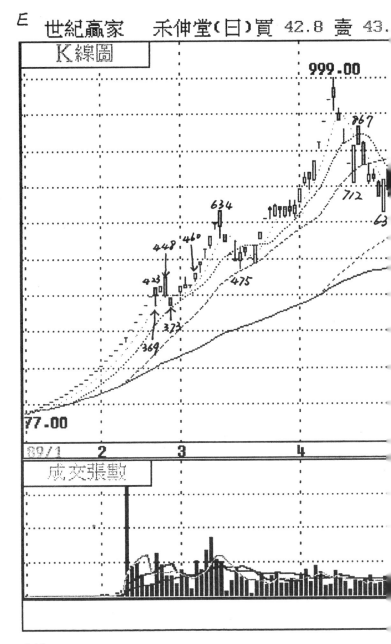

K線圖

999.00

867

712

634

448 '460

423

475

373

369

77.00

89/1　　2　　　3　　　4

成交張數

43.0 漲跌 -2.2 單量 1 總量 682

89/07/26

[3026_] 15:12:50/

拉回，但拉回絕不破底，一旦反攻則可以迅速穿頭。換言之，在 999 元之前，其走勢慣性都沒改變。

第一個高點是 423 元，當天拉回形成了第一個低點 369 元，第二天再出長紅，第三天又開高走低收長黑，但沒破 369 元的底，第四天又開高走低，收最低，但 373 元也沒破 369 元的底，尤其二根黑 K 棒也沒爆大量，顯然主力並未出貨。

373 元之後，隔天又出長紅，隨後雖又大漲，但股價卻能逐步盤高，五天後，又一根收盤 460 元的長紅，向上穿越了 448 元高點。隨後又大漲了一段，此後，股價就循著這樣的模式，一路攻至 999 元。

綜觀上市以來至 999 元的期間，股價一直以這樣的模式上揚：

大漲後拉回。

拉回後不破上波低點。

略事整理後，股價再創新高。

新高又大漲一段。

但 999 元以後，就不是這麼回事了！

慣性改變前會有警訊

999 元之後，股價拉回，五天內，從 999 元大跌至 712 元，跌幅 28.7%(999－712÷999=0.287)，跌幅大於之前從 634 元到 475 元的這波 25%的回檔，這是歷史經驗沒有的。也是第一個慣性改變的警訊。

712 元低點形成後反彈，到 867 元後不能穿 999 元頭後又拉回，這是第二個警訊。

867 元拉回後，首度以 630 元破了 712 元的底，這是第三個警訊。

630 元後反彈，在 820 元又拉回，依然不能穿越 867 元的頭，這是第四個警訊！

999 元那天不出，可以理解，因為歷史經驗顯示它的拉回就是另波買點。

不穿頭而開始破底....

但 867 元不能穿頭，就清楚表明它的歷史經驗已經不管用了！事實也證明，999 元之前的只穿頭不破底的慣性已經變成只破底不穿頭了！既然個股走勢慣性改變，若原先的操作慣

性不變，就會使你的操作結果改變：

不斷賺錢會開始不斷賠錢。

請看下面圖Ｆ禾伸堂週Ｋ線圖：

當多頭特性結束，空頭特性開始時，就表示，股價趨勢已開始改變，趨勢改變，當然操作方向也得改變，非但如此，還要能做到不去預測股價，因為一個多頭開始時，沒人知道會漲多久？多少？反之亦然，一旦空頭開始，也不知道它究竟會跌多少！看看圖Ｆ，您能想像一支曾因基本面大好，一跌飆升至 999 元的個股，會一路下滑至 38.5 元嗎？就這個角度來看，815 元以下的所有高點都是空點，既如此，不但所有的反彈自然都不值得搶，而且，所有的低點更不該買，因為您根本不知道它究竟會跌到哪裏才停呢！

從禾伸堂的例子，我們可以得到一個結論：

操作慣性不隨股價趨勢改變就會開始由勝轉敗。

在一個多頭走勢中，當股價來到壓力區，也就是前波高點時，先不要對未來的多空走勢

下判斷，而是看它如何面對壓力？

如能突破，並且站穩於其上(收盤在壓力價之上)，就是一個短線又強的訊號，但這只是消極的，突破之後能立刻拉出長紅，才是另波強勢漲升的開始。

空頭走勢支撐撐不住

反過來說也一樣，原先大漲中的股價，一旦回檔來到支撐區(前波低點)，不但撐不住，反而還下跌時，就是真跌破了，真跌破的意義就是，原先的多頭走勢已經結束，接下來要走空了，既然會走空，則股價也將頻頻創新低，而最後一個低點在那裏？是何時？在情況尚未明朗前，當然逢低就不是買進的好時機了，因為未來會證明，這個低只是極短線相對低，過幾天就會成為高價，而且是會讓人賠錢的高價，當然不會是好買點了！

請看下面圖G聯發科的例子：

績優難抗空頭

154

43.0 漲跌 -2.2 單量 1 **總量** 682

1000.00

900.00

800.00

700.00

600.00

500.00

400.00

300.00

200.00

100.00

92   92/04/25

22500

15000

7500

【3026_ 】 15:19:28\

聯發科是從 90 年 9 月 19 日的 219 元一路漲上來的，在 756 元之前，它一直循著多頭慣性在走——拉回不破底，反彈必穿頭，低點與高點都越來越高。所以，這期間內，持股抱牢應無問題。

但到 91 年 1 月 23 日 756 元以後的走勢卻有了變化。

756 元以後，股價經過了二個月的整理，又反彈至 762 元，但收盤卻收在 731 元，無法站穩於 756 元這個高點之上，之後又過了八天，又拉出一根收盤 760 元的漲停長紅，雖沒能穿 762 元的頭，但一來均線排列不錯，又是連續五天價穩量縮後的第一根長紅，一副又將再攻的模樣，然而，也從這一天起，連續幾天長黑、長紅交錯，股價雖曾二天創新天價，但天價總站不穩，當天又即拉回，只要一出長紅，馬上又被長黑吃掉，走勢越來越詭異了！

值得注意的一點是，777 元以後，股價已創新高，理論上上檔應無壓，而大盤仍處多頭走勢中，理應一路直攻，但事實呢？全不是那麼回事！

面對壓力步履蹣跚

多頭在面對壓力區時，很明顯的力不從心，每次一過壓又拉回，雖然高檔越墊越高，但總不能一口氣將之克服，迅速再攻一波，因為壓力處理的不好，一旦無法痛快穿頭，操作者就應提高警覺，因為不能再穿頭的結果，就是反向破底，一旦破底，就表示走勢慣性改變，既如此，操作慣性當然也要跟著改變了！

783 元那天雖又穿了頭，但依然站不穩上波高點 777 元，由於類似故事已重演了 N 次，這樣的穿頭已沒意義，消極的賣訊已出現矣！

果然，不能向上穿頭的結果，就是向下破底，再看看大盤，仍在多頭行情中，然而，聯發科的走勢顯然和大盤不同調、不同步，這時候，不要再等破底，已可逢高出脫矣！

但以禾伸堂和聯發科這樣的個股而言，因為：

①二者都是績優股。

②都曾大漲過。

③即使下跌，也不改變其績優的本色。

在這三個特性下，很多在高檔被套或之前沒有享受過其大漲樂趣的人，便開始有一種似乎不同的思考：

這種好股票，等它低下來再接或加碼攤平。

而他們所謂的低，是怎麼個低法呢！

支撐就是逃命點

就是當股價跌到支撐區時，就是買進良機了！

所謂支撐區，就是上波上升過程中拉回的低點！

但事實呢？

事實證明，支撐區只是另一個逃命點，而不是另個買進點？

為什麼這樣？

因為技術面已由多轉空了！

不妨看看聯發科在 783 元以後是怎麼走的。

請看下面圖 H 聯發科日 K 線圖：

從 783 元往後看，在 219 元之前都是多頭

走勢，因為這之間的每個低點都是買點，而且反彈創新高，所以，這期間的每個低點都是技術上的支撐，分別是 688/630/650/476/395/315/289/232/219。

支撐一破就破！破！破！

然而，這些支撐在股價回檔時撐住了嗎？

事實真相是：

破！破！破！破！破！破！

一連六破，除了最後二個支撐 232 與 219 之外，全部跌破，而 232 與 219 二個支撐能否守住，還不知道(當然也不必去預測)！

為什麼會這樣呢？

最重要的一點是：

領先大盤做頭者就會領先跌

相對於大盤而言，聯發科是領先做頭的弱勢股。大盤 6484 的頭部是 91 年 4 月 22 日形成的，但聯發科卻比大盤提早了近 20 天就形成頭部。相對於大盤弱勢的結果，也使聯發科比大

K線圖

783

652

625

559

460

36

91/4　　　5　　　6　　　7

成交張數

恆生 (14:50)　8433.37(　　24.36),前一

162

71.0 漲跌 -7.0 單量 － 總量 3395

750.00

675.00

600.00

525.00

450.00

375.00

300.00

242.00

345

287

8   9   10   91/10/11

12000

8000

4000

92(20.91) [2454_] 14:50:57\

盤更早形成空頭排列。

在空頭排列的壓力下，聯發科的股價，儘管已來到所謂各個「支撐區」，卻依然不是買點，反而成了另波「逃命點」。

就聯發科的例子來看，我們可以得到一個結論：

在大盤走空的壓力下，領先下跌的弱勢股，當股價回到支撐區時，除非它能不破且又立刻反彈，並創波段新高(穿頭)，否則不但不是另個買點，反而還是逃命點。

然而，證之歷史，機會並不大，通常會領先大盤做頭的弱勢股，一旦回起檔來，支撐區通常撐不了，低點出現之後，還會有更低，而且會形成慣性，既如此，這種股的壓回通常不是買點！

逢低買進的條件

只有在下面三種條件下，才值得「逢低買進」：

① 大盤仍處多頭格局中(技術面呈多頭排列)。

② 大盤拉回沒破底。

③ 走勢與技術面強於大盤的強勢股。

具有這種條件的個股才值得拉回進。

請看下面圖 I 合邦日 K 線圖：

逢低買進的實例

合邦是上櫃股，上櫃大盤(以下簡稱大盤)相對於上市 3411 到 6484 這波多頭走勢，其起漲點是 90 年 10 月 8 日的 77.32，而漲勢一直持續到 4 月 17 日的 164.57 點。

合邦則比大盤早了幾天，於 90 年 9 月 24 日於 5.8 元落底，從此展開一段將近半年，漲幅達 1762%的大多頭走勢！

這裏要先跑個野馬：

轉機股才能領先漲

合邦之所以能領先大盤落底並展開飆升走勢，是因為 89 年還小賺 0.11 元，90 年卻逆轉成大賠 2.79 元，也因此，股價從 90 年的最高價 25.5 元一路殺至 5.85 元，重挫了 77%，遠超

K線圖

17.9

6·70

/0.

90/11　　　　　12　　　　91/1

成交張數

恆生（14:56）　8432.67（　　23.66），前一

107(160.57)

108.00

90

75.5

A55

100.00

80.00

60.00

40.00

20.00

| 3 | 4 | 5 | 91/05/15 |

3000

2000

1000

78(13.77)   [6103_   ] 14:56:58/

過大盤 49.6%(153.63－77.32÷153.63＝ 0.496)的
跌幅。

但 91 年則又大逆轉，上半年稅前就大賺了
3.13 元，對業績奇佳股而言，領先大盤落底並
展現強勢，是一件很自然不過的事！這點是特
別要向讀者說明的。

現在回到正題。

請注意合邦從 5.85 元到波段高點 108 元的
這段大多頭走勢的特性：

①分六波上漲，頻創新高。

②拉回必不破底。

③技術面遙遙領先大盤。

④不攻則已，一攻就論倍漲。

最重要的一點是，大盤開始進入多頭行
情，因而順勢借勢，這樣的個股才符合「拉回
買進」的條件，也只有這樣的個股，拉回才值
得買。

最強股也得向大盤低頭

然而，當大盤於 4 月 17 日走到 164.57 波段
高點時，合邦正好走到 107 元，也創下了歷史

新高，雖然當天沒有同步成頭下跌，而是多走了二天強勢。並再創 108 元的天價，但這個多頭慣性卻因大盤走空而從此改變。

請看下面圖 J 合邦日 K 線圖：

108 元天價以後，合邦開始出現反彈不穿頭，回檔則破底的新慣性，其中雖曾出現 82 元穿越 81.5 元的紀錄，但敗象卻在 82 元之後連二天出現，第一天留上影線收小紅，第三天乾脆來根長黑，顯示這樣的突破其實是假象，既如此，即使合邦曾是超級大飆股，但從 108 元以後，已成歷史，之後的拉回，肯定不宜逢回買進了！

談到這裏，也許有人會問：

逆勢股不足取

當大盤於 6484 成頭回檔之後，總還會有一些逆勢走強股，它們不理會大盤走空的壓力，照樣呈多頭排列，照樣上漲，更重要的一點是，它的回檔不破底，反彈後還會創新高，請問這種走勢超強股的逢回能不能買呢？

要回答這個問題之前，不妨先做個功課：

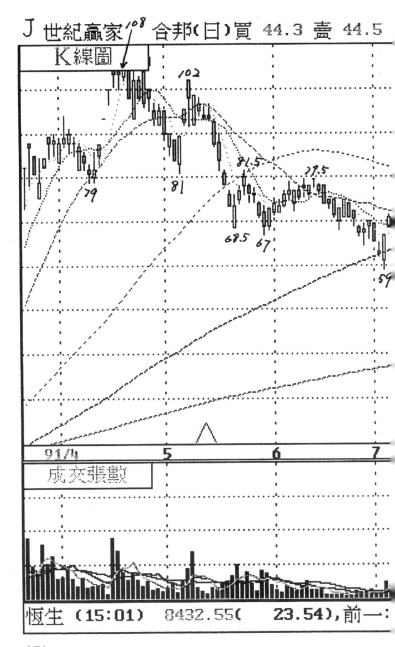

J 世紀贏家 /08 合邦(日)買 44.3 賣 44.5

K線圖

102

79
81
81.5
79.5
68.5 67
59

91/4   5   6   7

成交張數

恆生 (15:01)   8432.55(23.54),前一:

91/10/11

55(23.54) 〔6103_ 〕 15:01:31\

① 自 6484 以來，走多的個股多，還是走空的個股多？

② 從 6484 到 3845(91 年 10 月 11 日)這段跌幅 40.7%的空頭走勢中，比大盤多跌三倍、五倍的個股有多少？

弄清了這二大狀況之後，你就不會站在那種其實居於極少數的逆勢走多股的那一邊了！這種股就算能讓人賺錢，也是讓人抱得膽戰心驚的(相信沒幾個人抱得住)，不信請看圖 K 建大日 K 線圖：

逆勢走多股讓人抱不住

建大可說是自 6484 以來最強的逆勢股，而也符合拉回不破底，反彈創新高，技術面也大多呈多頭排列的多頭特性！

但再仔細看看它的日 K 線圖：

就算長期走多，但也是走的不乾不脆，拖泥帶水的，而這只是日 K 線，在大盤走空的壓力下，盤中走勢就不是這樣，而是上上下下，激烈震盪，不到收盤不知多空勝負！

天下沒有只漲不跌股

請問，這種走法抱得安心？抱得住嗎？

不僅如此，由於長期逆勢走高，已經為它的未來埋藏了難以逆料的危機——俟其多頭結束之後，勢必來一大段補跌走勢——回歸大盤的軌道，除非它的基本面能持續不回頭地走揚，問題是天下有這種股嗎？當然沒有！

請看下面圖 L 建大週 K 線圖：

當大盤在 6484 時，建大股價為 17.6 元，當大盤從 6484 回檔至 4828(91 年 11 月 15 日)時，建大逆勢大漲至 45.3 元，漲幅高達157%，然而能大漲不表示永遠漲，在大盤持續走空的壓力下，即使強勢如建大也得順勢拉回，在 92 年 4 月 28 日那天，盤中最低曾來至27.7 元，回檔近四成，請問它還能再大漲嗎？恐怕不容易，因為 40 元左右時(圖中★處)留下長上影線，且爆出了歷史天量，這根週 K 線將會構成未來上漲的大壓，不經一番長時間的整理，很難再大漲了！

再換個角度思考，大盤走中空，大跌股這

173

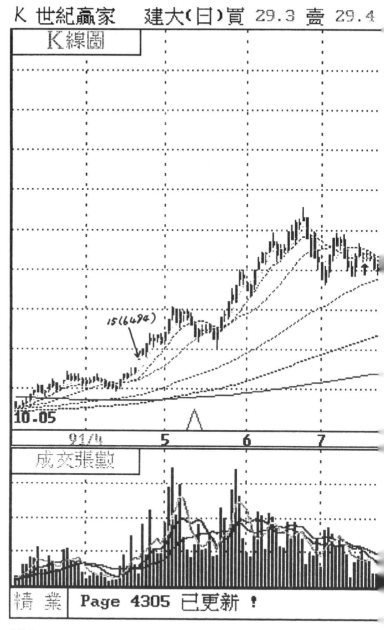

K線圖

15(6494)

10.05

91/4　　5　　6　　7

成交張數

(4726)
45.30

44.00

40.00

36.00

32.00

28.00

24.00

(4506)

20.00

16.00

12.00

9　　10　　11　　91/11/29

22500

15000

7500

[2106_　]　15:06:04\

∟ 世紀贏家　建大(週)買 29.1 賣 29.2

K線圖

8·55

90　　　　　　　　　　91

成交張數

恆生 (11:10)　8403.49(　−5.52),前一:

176

(4/24)
45.30 (48>8)

44.00

40.00

36.00

32.00

28.00

27.7
(4044)

24.00

20.00

16.00

12.00

8.00

92

92/04/28

75000

50000

25000

.32(-4.69)   [2106_] 11:11:01/

麼多，做空又有大盤保鏢，既如此，為什麼還要刀口舔血，而不站在讓人安安心心、穩穩當當賺錢的空方呢？

最後，再談一談當日沖銷的問題。

既然是當日沖銷，則獲利的原則當然是低買高賣，否則不但不會賺錢，反而還會被修理。

搶短先看行情高低

問題是什麼是低？什麼是高？

不管是大多頭或大空頭行情，大盤每天的盤中走勢一定會有高有底，天下沒有每天一飛沖天只漲不回的多頭行情，當然也不會有自由落體式只跌不彈的空頭行情。基於低買高賣才能獲利的原則，盤中壓回時自然是極短線介入的好時機，但這只是基本原則而已，就算今天的操作只是做個短線差價，但若只看盤，不看趨勢也不看線，就會犯察秋毫而不見輿薪的弊病，肯定踢鐵板。

當你想在盤中壓回走低搶進時，最好先看看趨勢。

先看 5 分鐘走勢圖。

先參考五分鐘走勢圖

目的是要把格局放大，讓自己站一個相對制高點看局勢，看看今天雖然走勢不錯，但這十天來到底是走漲還是走跌？如果是走多，則今天的低點可能是極短線買點，因為小趨勢是向上的，今天的低點到了收盤很可能成為極短線獲利的買點，因為這符合了多頭不斷向上竄升穿頭的特性。

請看下面圖M大盤 5 分鐘走勢圖：

多頭走勢就是漲！漲！漲！

這張圖很明顯地反應出，這是個走漲的行情，從 4400 以下上揚至 5600 以上，短短十天之內，大漲了一千二百多點，在圖中的任何一個點介入，快則當天，最慢第二天，就可獲利，事實上，以這樣的走勢而言，即使今天買到最高，因為收盤留上影線而被套，但第二天不但讓你解套，還會獲利。這麼說來，今天的

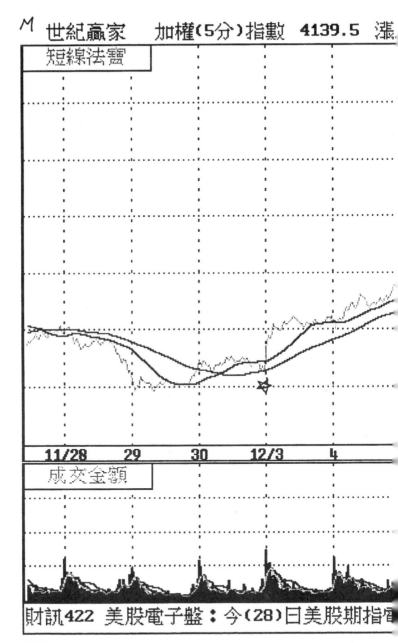

短線法寶

11/28　　29　　　30　　　12/3　　　4

成交金額

財訊422 美股電子盤：今(28)日美股期指

5400.00

5200.00

5000.00

4800.00

4600.00

4400.00

6   7   10   11   90/12/11

150.00

100.00

50.00

最新報價   [WEIGT_   15:15:57\

高到明天也會變成低了，既如此，只要股價向上的趨勢不變，管它今天高低，選擇最強股進場就對了，沒錯！不僅如此，既然今天的高點會變成明天的低點，後天又會變成更低點，那我幹嘛還賣呢？為什麼不等它無力再出現更高時再賣呢？完全正確。

　　反過來說也一樣，若小趨勢向下時，則今天的低點很可能會變成明天的高點，隨著價再走低，高點越來越遠，既如此，幹嘛還要再買(或空單回補)？沒錯！

　　也許有人會問，剛進場那一剎那，誰能知道切入點對了沒有？萬一剛好買在向下轉斷或賣在向上轉折呢？豈不倒了大楣了！

真正的多頭行情

　　事實上，真正的多頭或空頭都不會只走一、二十天(否則，就只能叫反彈或回檔而已)，而是三個月、半年、一年甚至以上的。

　　請看下面圖Ｎ大盤月線圖：

　　這是一個達十一年的大格局行情 K 線圖，圖中最長的多頭行情，莫過於 4474 到 10256 這

一段，從 84 年 8 月到 86 年 8 月，長達二年，最長的空頭行情則從 10393 到 3411，從 89 年 2 月到 90 年 9 月，時間長達一年半左右，最短的多頭行情，也有七個月(3411 到 6482)，最短的空頭行情也有十個月(7228 到 4474)。

就以半年來說，行情在一百天之中，可能有 80 天上漲，20 天下跌，以機率來看，短線買錯的可能只有 20%，買對的機率則有 80%，四比一的機率都押錯邊，就只有認了。而事實上，操作股票的成敗輸贏，機率也只有 20%而已，更重要的還有智慧技巧，共佔了 80%以上，如果你只憑 20%的可能操作，絲毫不懂其餘的 80%，就有可能在轉折的那一天反向介入，既如此，就只有認栽了！因為你根本不適合這個戰場，冒冒失失地進場，只是充當別人的戰利品而已！

說了半天，我們要強調的一點就是：

多頭市場每個點都是買點

在真正的多頭市場中，任何一個點(不論盤中高低)都是好買點，如果一定要在盤中找壓回

世紀贏家　　加權(月)指數　4139.5　漲

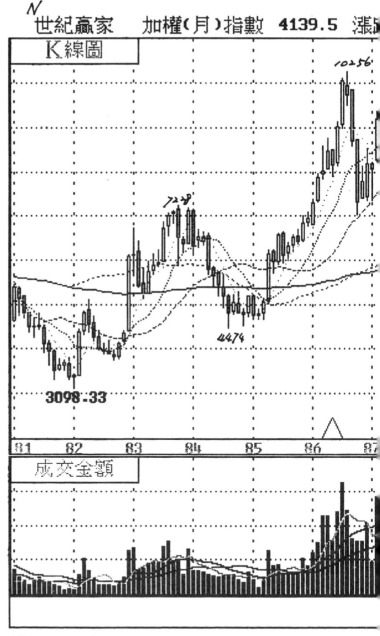

10393.59

10000.00

9000.00

8000.00

7000.00

6000.00

5000.00

4000.00

3000.00

92/04/28

48000.00

32000.00

16000.00

[WEIGT_] 15:20:36/

低點進場的話，先決條件一定得是在多頭市場中，盤中的震盪壓回，這樣的低點才是真正的低點，因為它不會再回來了！

再把格局放大，看 K 線的大趨勢怎麼走，就更可以確定低點是否真低，高點是否真高，就更能避免誤觸地雷了！

請看下面圖○大盤日 K 線圖：

圖中最高是 6484，最低為 3845，5 個月多月時間內大跌了二千六百多點，這當然是空頭行情。

或許有人會說：事後諸葛亮，誰不會，尤其 5 月到 6 月中旬這期間內的走勢，漲漲跌跌的，而且 240 日線不但上揚，也沒跌破，誰知道它會繼續走低？其實，就算是這一段混沌不明的走勢，也大抵能對其多空理出一點頭緒來，最簡單的方法就是檢視它的低點與高點是否越來越低就知道了！

答案是肯定的，等到 6 月下旬 240 日線跌破之後，行情也就更明朗了！

既然是空頭行情，則其低點之後還會有更低，就算有反彈，則高點也將越來越低，既如

此，則逢低能買嗎？逢高不該賣嗎？

空頭市場中找多點是找死

很多人在操作時，只會做多，只肯做多，多頭市場做多自然沒問題，但空頭市場也在找低點做多，這就有點本末倒置了！

好！就算每個反彈低點都被你抓到(事實上根本不可能)，但空頭市場中的反彈，盤中走勢也是上上下下起起伏伏，隨時都有可能見高回跌，試問有多少人能在動盪不安的盤勢中，在高點未見時抱牢不放？

好吧！就算反彈最高點也掌握住了，但高點之後又會向下探新低，既如此，為何不反向做，乾脆在高點放空，然後坐收空頭行情之利呢？

有了上面的認識之後，不妨對一個許多人最常碰到卻也最困惑的問題：

套牢了怎麼辦？

做多被套時怎麼辦？是認賠砍掉？還是逢

世紀贏家　　加權(日)指數　4139.5　漲

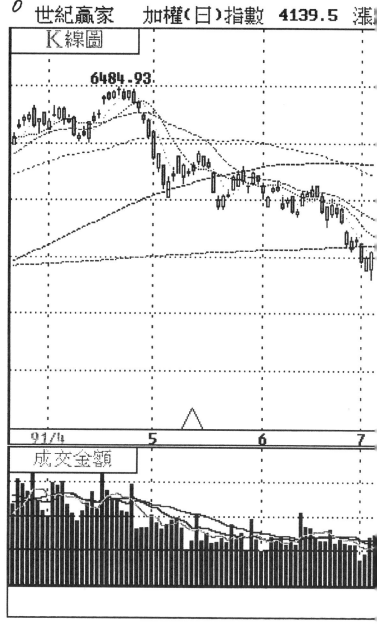

6500.00

6000.00

5500.00

5000.00

4500.00

4000.00

3845.76

8   9   10   91/10/11

1500.00

1000.00

500.00

[:] [■] [WEIGT_   15:34:30\

低攤平？

碰到這種情況，第一件要做的事就是先追究為什麼被套？

只有二個原因：

第一是：大盤在多頭市場中做技術性的拉回。

第二是：大盤已進入空頭格局中矣！

若是第一個原因，則仔細看看，手中持股在技術上是否強於大盤？

怎麼看是否強於大盤？

多頭市場被套

大盤沒破底，但持股雖也沒破底，卻比大盤跌幅深，這就是弱勢，不但別加碼，反而還要拔檔，因為弱於大盤，所以，當大盤拉回完成反攻時，這種相對弱勢股就不大可能比大盤強勢而大漲，在多頭市場中，相對弱勢股都不值得持有。

若是其弱勢已弱到大盤沒破底而持有的個股卻反而先破底時，即使行情走多，也應該毫不留情地出手，否則，一旦大盤在此盤頭反轉

時,這種弱勢股就會帶頭跌,當然就非宰不可了!

請看下面圖P南科日K線圖:

相對弱勢股就得砍

91年2月18日到2月26日,大盤進行了一波從 6048 到 5492 的回檔,跌幅 9.19%,同一時間內的南科,卻從 55 元回檔至 44.2 元,不但回幅達 20%,比大盤多回了一倍多,還破了前波 44.8 元的底,若是被套在這種相對弱勢股上,儘管大盤還處於多頭結構中,不但不能加碼,還要認小賠換股操作,因為,你不能寄望先前的弱勢忽然轉趨強勢,反正強勢股很多,幹嘛抱這種隨勢浮沉股?當然更不值得加碼了?

再換個角度看,若不信邪,硬要抱這種相對轉弱股,就會有這樣的結果,請看下面圖 Q 南科週K線圖:

南科在 55 元領先大盤由強轉弱後,就一路走空,若是 44 元處不賣的話,第一波先跌至 27.3 元,第二波再跌至 19.6 元,這種跌法,儘

56.00
52.00
48.00
44.00
40.00
36.00
32.00
28.00
24.00
20.00

5　　　6　　　7　91/07/03

225000
150000
75000

[2408_]　15:47:30\

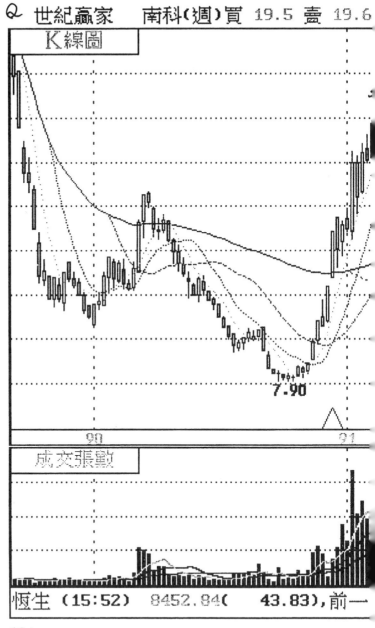

K線圖

7·90

90　　　　　　　　　　　91

成交張數

恆生 (15:52)　8452.84(　43.83),前一

60.00

52.50

45.00

37.50

30.00

7.3
(5.25)

22.50

19.6
(4/27)

15.00

7.50

92/04/28

900000

600000

300000

.82(43.81) [2408_ 15:52:09/

管前波極強，但還是讓人受不了！

　　換個角度看，若不但技術面強於大盤，而且盤面上也相對抗跌時，則不妨抱著就行了，但不必加碼，除非這種股先前表現極強勢，一旦上漲就買不到，則不妨加碼，靜待大盤反攻時獲利，不過要特別注意的是，一旦大盤轉強，這種股若無法領先大盤上漲時，就應迅速出手，因為它的強勢已經結束了！

　　請看下面圖R訊康日K線圖：

　　從90年11月到12月，整整二個月期間，訊康在大盤走多的保護下，展開飆升走勢，這期間內共有二次的回檔整理(圖中★處)，由於二次回檔前都曾大漲，在大盤仍處多頭格局中，根據經驗法則，我們有理由推定，該股整理完後又將是飆升走勢，所以，這種股若有回檔，而又在相對高檔被套時，不妨酌量(注意，只是酌量)加碼，以待其整理完後的另波大漲行情，但91年1月起，儘管大盤仍在多頭格局中，但其走勢已出現變化，也就是整理完後的勁道已大不如前，就表示它的強勢已不再矣！這時候就算大盤還在走多，也應拔檔，另擇強

股操作，既然該拔檔，當然更沒有加碼問題
了！

空頭行情被套

若是第二個原因，則切記：

不但不能加碼，還要認賠砍！

在空頭行情中，逆勢做多本來就不對，買
了股票被套，更印証了操作方向錯誤，一錯(看
錯大盤)再錯(買錯個股)已經不對，更不能將錯
就錯(向下加碼攤平)，須知，不管多頭或空頭
行情中，個股走勢一定會受大盤影響，就算短
期內個股能不理大盤獨行其是，但中長期一定
得回歸大盤的軌道上來，非但如此，當行情走
多或走空時，到底會漲多少？會跌多少？往往
會讓人跌破眼鏡，就以空頭行情而言！

12682 會跌到 2485！

10393 會跌到 3411！

6484 會跌至 3845！

有幾人猜對過？

而這還只是大盤，當行情進入大空頭時，
就是個股股價進入大調整期，會跌多少？更沒

人知道，但歷史經驗顯示了一點：

在空頭行情中，不論績優、績劣股，個個都會鼻青臉腫！不信的話，不妨看看圖S訊康週K線圖就知道了，大盤不好，即使先強勢如訊康也會大跌，而且可以把前波大漲幾乎跌完，能不慎乎？

腰斬已經很客氣！連三、五度腰斬者比比皆是(前述的台火、寶祥、禾伸堂、威盛就是例子)，若在這種情況下向下加碼攤平，將會面臨二個嚴重的問題：

① 你有多少資金加碼？

② 你能預測股價會在哪止跌？

二者的答案恐怕都不會太樂觀，而一旦犯了空頭市場向下加碼攤平的錯誤，只會讓人陷入永無翻身之日的深淵之中，能不對逢低買進，加碼攤本戒慎恐懼嗎？

總歸一句：

永遠站在主流那一邊

在多頭行情中，當然得做多，只要你選對了邊，除非剛好那麼倒楣買在向下轉折那一

天，否則，任何一天進場都是值得買進的低點。

　　反之亦然，空頭市場中，自然得站在空方操作，方向選對了，無論那一天進，也都是值得賣出的高點。

S 世紀贏家　訊康(週)買 7.5 壹 7.65

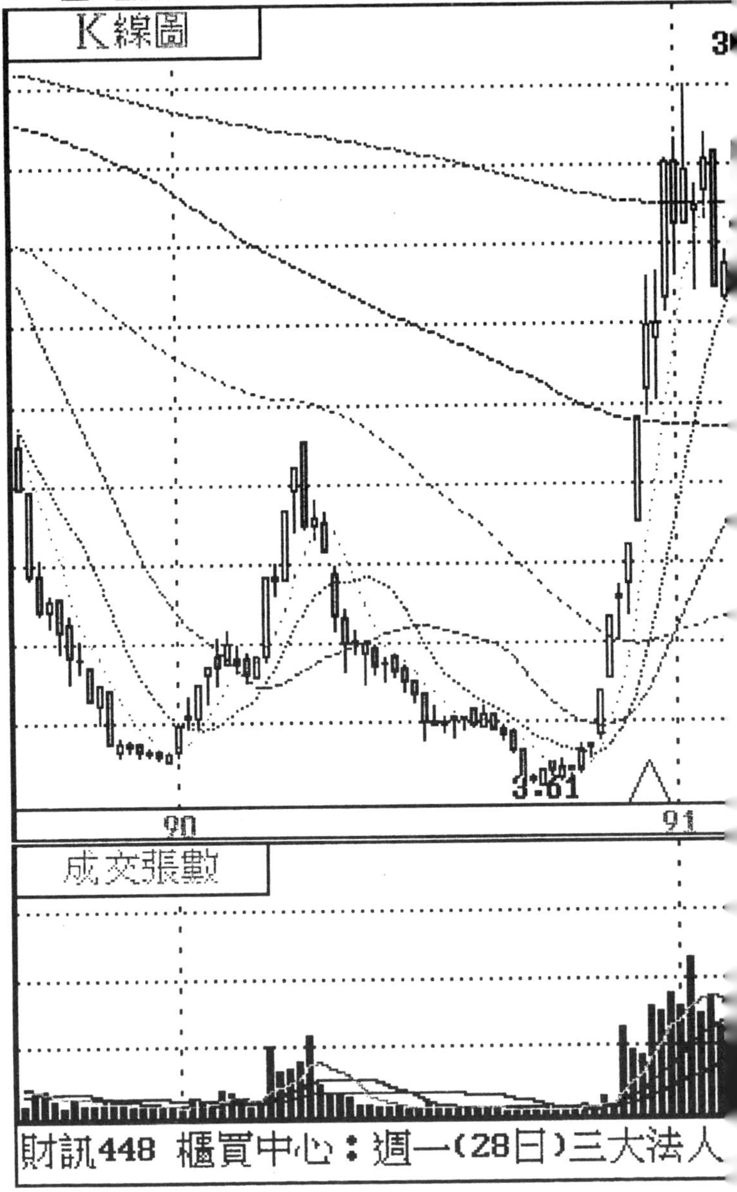

財訊448 櫃買中心：週一(28日)三大法人

7.5 漲跌 -0.5 單量 41 總量 384
30.00
27.00
24.00
21.00
18.00
15.00
12.00
9.00
7.45
6.00
92
92/04/28
45000
30000
15000
十名上櫃股票
[5306_]
16:02:15

第十四戰略
解構個股大量的玄機

一支走大多頭的個股，在漲升初期，成交量一定會很穩定，所謂穩定有二個意義：

　　1.籌碼還在主力手中。

　　2.成交量棒不會忽短忽長。

　　所以，這時候，是最安全的時機。

　　但這種現象不會永遠持續，否則主力老吃貨，老拉抬，那不是白做工了嗎？天下沒有這麼笨的主力。

　　當股價從大漲進入無量飆升時，也就是最能讓人獲取暴利，卻也是最危險的時刻，因為它終有一天會爆出大量來，這個大量代表二種可能：

　　1.主力出貨。

　　2.主力洗盤。

　　若是股價不但爆大量，且開高走低又收低時，則百分之百出貨，當然非跟著跑不可。

　　比較麻煩的是，爆大量，盤中開高走低，最後又收漲停時，就讓人迷糊了；咦！這

是出貨還是洗盤？

答案是看第二天：

若是跳空開低，那就是出貨，因為主力把貨出了，沒人再拉，價格自然下跌。

若是依前例又跳空漲停呢？那就是洗盤了；之所以要洗盤，是因為主力要墊高搭轎者的成本。

搭轎者的成本若低，隨著股價走高，其獲利也越高，隨便賣隨便賺，這會造成主力操作上的困擾，這是主力在拉抬過程中非洗盤不可的原因。

比較值得注意的是：

若大盤是在多頭行情之中，一旦飆升股出大量收長黑，就算你已經順勢下了車，也得好好盯緊它，因為多頭行情中，飆股不會只走一波，只要多頭行情持續，個股的飆升之勢隨時會再起。

反之，若是空頭行情中的逆勢飆升股，

一旦爆出大量價又收黑時，九成以上是出貨，因爲空頭行情中，飆升股通常只有一波到底的行情而已！

解構個股大量的玄機

要大漲就必須洗盤

在任何情況之下，不論個股在什麼位階上，一旦爆出大量，通常都是極短線多空可能變盤的訊號；而長線是由中線形成的，中線是由短線形成的，所以，一旦個股本來走的好好的，忽然出了大量，其中必有玄機，不是要漲就是要跌，值得我們深切地注意。

下面就分別從漲勢與跌勢二個角度來研究。

先看個股漲勢中爆大量的問題。

在股市中，無論大盤怎麼走，總會有極少數超強股脫穎而出，無量飆升，甚至連漲個

一、二十根漲停板也不稀奇。

問題是，這種飆升股不可能永遠無量噴出，因為漲幅愈大，主力的操作風險愈大，出貨困難度愈高，所以，除非是一波行情到底，否則，在拉抬過程中，一定要洗盤，為什麼？

來回拉殺換手

二個重要的理由：

①不論起漲之前如何洗盤、吃貨，總會有一批坐轎者，只要漲勢一起，轎客怎麼賣怎麼賺，隨著股價一路漲升，搭轎者愈來愈多，就會增加主力操作上的困難與風險，股價拉愈高，就會有成本低的轎客想在中途獲利了結，這種賣壓會不斷循環，迫使主力買進一堆相對高價（相對於初漲時）的籌碼。

就因為轎客成本一低，就可能作怪，既然轎客是操作上的必要之惡（總不能一人獨自玩，否則屆時把貨出給誰？）則就有必要墊高轎客的成本，方法是把持股成本低的轎客趕下轎，換一批高成本轎客上來；做法是把股價來回拉殺，讓轎客害怕，覺得行情似已結束，於

是匆忙下轎，讓上一波來不及上轎的人進來，這一來新舊轎客接棒，完成了洗盤。

製造上檔新願景

②漲得愈兇，則主力愈不易出貨，因為漲幅太高的股票總會讓人覺得貴，上檔沒有多少空間了，這一來，跟進者自然少，跟進者少則主力出貨的困難度就大增，為了防止這種現象發生，主力一定要努力傳達一種訊息：

股價是走了一大段，但這只是相對高價，不是絕對高價，休息一陣子後，我將再走一大段。

讓一般投資人對股價的未來還有期待，即使股價已經大漲，仍願意捧場。

飆升中一定出現過大量

在上述二大原因之下，一支飆升股，不管它最終要漲多少，但中間一定會爆出大量長黑或大量長紅來。問題是，有的大量是洗盤，但也有些根本是出貨，究竟要何分辨？

第一個要觀察的重點是：

大盤是在什麼架構之下？是走多還是走空？

當行情走空飆升股爆大量時

若大盤處於空頭結構之中呢？

那八成以上是出貨，就算不是出貨，但上檔也不會太多，操作當然也會愈困難，所以，最好還是以出貨看待，先行獲利了結再說。

請看下面圖Ａ上櫃股松和日Ｋ線圖：

大盤在 6484 形成頭部時(參看圖Ｂ大盤加權指數與松和股價對比圖，括弧內數字即為松和股價)，松和的股價來到 11.9 元，並不隨大盤拉回，反而又向上攻了三天，來到 14.3 元，之後回檔五天，又於五月初從 12.55 元展開新攻勢，但走勢溫和，大部份時間內都只收小紅或中紅，量與價的配合也不錯，連攻了十二天後，居然一反之前小中紅收盤態勢，拉出了這波攻勢的第一根漲停長紅(圖中★處)，隔天即出現噴出走勢，碰到這種之前緩攻，忽然轉成量縮急攻，投資人就應特別注意，因為這通常

世紀贏家　　松和(日)買 13.65 賣 13.8

K線圖

(6484) 14.3

12.55

8.65

01/1　　2　3　　　4　　　5

成交張數

恆生 (15:21)　8727.59(292.55),前一

50(5646)

27.00
24.75
22.50
20.25
18.00
15.75
13.50
11.25
9.00

11.7

6　　　　7　　　　8　　　91/08/22

1200
800
400

.96(292.92) 〔5016_ 〕 15:22:03/

6500.00

6000.00

5500.00

5000.00

4500.00

4000.00

3845.76

8   9   10   91/10/14

1500.00

1000.00

500.00

.90(300.86)   [WEIGT_] 15:26:21/

是「趕頭行情」，這時候要注意的是，大盤怎麼走？

以噴出掩護出貨

回頭看松和，第一根漲停出現後，連續出現了六根跳空漲停長紅，前三天量還溫和放大，第五、六兩天，量迅速萎縮，一副大噴出的模樣，事實上，這只是障眼法，真相是利用噴出走勢，讓投資人失去戒心，以達出貨目的，對付的方法只有一種，量一放大就得趕緊拔腿走人，尤其是大盤處於空頭行情時。

事實上，當松和從 12.55 元起漲時，大盤已連續跌破 5/10/20/60/120 五條均線，均線排列也越來越空，技術面說明了一切——大盤現在是空頭。

一爆量就得拔檔

既如此，松和只要一爆量打開漲停就是賣點了！

爆量怎麼看，不妨仔細檢查松和從圖中★

(第一根)到 28.5 元(第七根)之間,這七根漲停的量價結構。

第一根到第四根,量溫和放大,第四天量雖大,但價紋風不動,無異狀。

重點在第五、六二天,量忽然急速萎縮,第四天量為 763 張,第五天急縮至 271 張,第六天更離譜,只有 122 張,噴出架式足極了;面對這種量價結構,往後理應再噴個三、五天才算正常,但事實呢?隔天就洩底了!

請看下面圖 C 松和五分鐘走勢圖:

仔細觀察量價慣性

91 年 5 月 30 日,松和按照往例,以漲停開盤,這時候要觀察的重點有二個:

①量不能高於昨量 122 張。

②最低限度不能高於前天量 271 張。

一旦中場前超過這個數額,則量肯定放大,漲停肯定會開,而大盤又處於空頭行情中,通常不會有第二波行情,就算有也不會立刻展開,所以,最好當主力出貨處理。

回頭看圖 C,除了 22 日是開平高走高的第

一根漲停之外，其餘全是跳空，一旦鎖住，就
不再打開。

別等漲停打開再拔檔

但5月30日這天的走勢卻出現了變化；價
是漲停開盤，但9點45分就打開，事實上，在
沒打開之前，量早已放大，一路突破122張，
271張，不僅如此，漲停掛進量也快速減少，
碰到這種情形，不必等漲停打開就應該火速殺
出，以保利潤才對！

當天的松和，不但爆出了空前大量，股價
也大跌，日K線收長黑，配合大盤繼續走空，
一路從28.5元大幅下挫至11.7元，把之前的漲
幅全跌完，事實證明，28.5元這根巨量長黑是
出貨而不是洗盤。

空頭市場沒有長多股

請讀者們特別記住一點，在空頭市場中，
多數逆大盤走多的個股，尤其是飆股，都不會
太久，因為沒有大盤走多的保護，主力會怕拉

太高了不好出貨，而且這種股通常只作一波行情，不會有第二波，只要出現長黑，就會怎麼上，怎麼下，除了松和外，再看另一個例子：

請看圖D邦拓日K線圖。

92年1月27日時，大盤指數來至5141(參看圖E大盤日K線圖)，事實上，前一天的技術面已經收了根長黑，短線上，頭部已經形成，也就是這一天，邦拓已自 12.65 元強攻至 26.5 元，請仔細比較一下，邦拓的這波走勢是否和之前的松和如出一轍？答案是完全一樣，這樣的例子其實極多，它告訴我們一點：當大盤走空時，別對個股行情寄望太多，更別寄望有第二波行情，一旦飆升中出現大量長黑，先走人再說，否則就會萬劫不復。

再換個角度看。

大震盪爆量又收漲停——看明天

大飆股若是爆量打開漲停，盤中晃了半天後收盤又是漲停時，又該怎麼辦？

這時，和它賭一賭，因為有可能是出貨也有可能是洗盤，所以，不妨買回來，但數量一

世紀贏家　　松和(5分)買 13.65 賣 13.6

短線法寶

5/21　　　22　　　23　　　24　　　27

成交張數

精業　　按ESC鍵回上一畫面!

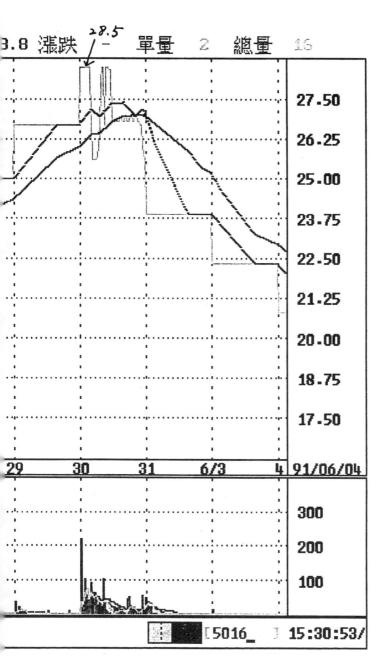

221

D

K線圖

12.65

91/11　　　　　12　　　　　92/1

成交張數

恆生 (15:44)　　8722.54(　　287.50),前一:

222

25.50

24.00

22.50

21.00

19.50

18.00

16.50

15.00

13.50

3 4 92/04/29

2250

1500

750

99(283.95) 4107_ 15:44:15\

.82 金額 619.09 張 3455639 筆 608350

225

定不超過賣掉數量，然後仔細觀察明天的走
勢：

是不是按往例跳空漲停且量縮？

若是，則昨天的大量收漲停就是洗盤。

若否，就是出貨，多頭行情已結束，回家
吧！

請看圖Ｆ萬泰科日Ｋ線圖：

萬泰科從92年2月中旬的8元多起漲(圖
中★Ａ處)，連拉十根漲停後，當天漲停打開(圖
中★Ｂ處)，且爆萬張歷史天量，盤中不知是出
貨還是洗盤，還好收盤又是漲停，只好再買回
來，第二天又依往例跳空漲停，證明這根大量
是洗盤，而非出貨，持股自然續抱，結果又連
撈了五根漲停，但到22.6這天，就不是這麼回
事，當天開漲停收跌停，當然不能再買回，結
果股價腰斬了一大半才暫時止跌。

但在空頭行情中，飆股爆大量出貨機率往
往大於洗盤。

上面談的是空頭行情中，強勢飆股大量打
開漲停的問題，反之，一樣的盤勢，若是出現
在多頭結構中呢？

多頭市場中飆升股出大量

除非第二天能立刻量縮大漲，否則就應視為出貨，或許在大盤仍走多的支撐下，短線未必會大跌，但可能也不會再馬上上漲而進入整理，若大盤尚能維持強勢，或許有機會再攻，反之，提前做頭的結果，很可能會領先下跌。

請注意股市一個重要的現象：

只有大戶才會在漲停價拔檔

散戶不會輕易買跌停板價，也不敢在低檔進場，因為怕低後還有更低，因而被套。會買跌停板的只有主力，因為這樣才能買到低價，買夠籌碼。

反之亦然，散戶不會輕易賣漲停板，更不捨得在高檔賣股票，因為怕被洗掉。但主力則不然，漲停的價格最好賣，高檔不賣就出不了貨。

只有大戶才會在高檔賣股

世紀贏家　　萬泰科(日)買 11.5 壹 12

K線圖

5.00

91/11　　　12　　　92/1

成交張數

恆生（15:39）　8716.08（　281.04），前一

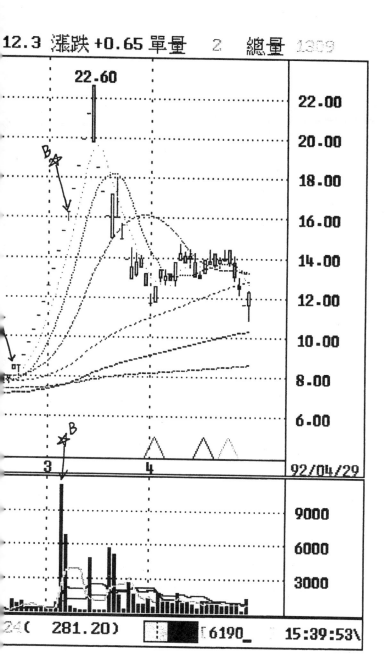

12.3 漲跌 +0.65 單量　2　總量 1309

22.60

22.00

20.00

18.00

16.00

14.00

12.00

10.00

8.00

6.00

3　　4　　92/04/29

9000

6000

3000

24(281.20)　〔6190_　15:39:53\

就這個邏輯來看，高檔會爆大量絕對是主力大戶在供應籌碼，除非第二天量縮大漲，證明是洗盤而不是出貨，問題是那有主力在高檔進貨的？

然而，與常理(這是一般投資大眾的常理違背的事就這麼發生了，為什麼？

主力是製造假象的高手

因為主力的操作和思考模式一定要和一般散戶不同，否則它如何吃貨？如何出貨？而讓散戶上當最好的方式就是製造假象，擾亂其思考，讓你以為我往東，其實是往西，就好像孫子兵法上說的：

「出其所不趨，趨其所不意。」

「出其不意，攻其不備。」

巨量長紅最大的好處就是可以讓散戶動心，更會讓散戶失去戒心，以為它又要大漲了，沒有戒心就是最脆弱的時刻，一擊就中，一中就會受重創。

一般而言，低檔長紅通常是走多的訊號，高檔長紅也是續漲訊號，問題是若爆出巨量則

必須謹慎面對，因為多空極短線可能會有大變化；這時，不妨先問問？行情走得這麼好，誰在供應籌碼？尤其若第二天不能開高走高，量縮收高，就表示主力已經開始出貨，最少無心戀戰了，即使是多頭行情，也應盡速拔腿走人才是。

出貨兼洗盤

另外一種可能則是：

出貨兼洗盤！

咦！這不是矛盾嗎？

詳細一點說，應該是：

極短線出貨。短線洗盤。

即使在多頭市場中，飆股也不是很容易出現的，好不容易把一支股票做活了，主力通常不會輕易放棄，一次就把它給玩完，只要多頭市場不結束，隨時都有機會東山再起，所以，操作這種飆股別太短視，就算出現大量長黑，手中持股也已獲利了結，但別把它忘了擺一邊，而應隨時盯著它，等它再起的訊號——漲停！

請看下面圖G佳錄日K線圖：

佳錄的這波漲勢，是從 90 年 10 月 22 日的 2.06 元開始，一直到 91 年 4 月 8 日的 16.4 元才結束。

這個漲幅達 7 倍的大多頭行情，共有四波明顯的飆升行情？

第一波從 2.52 漲到 5.1 元，漲幅 102.3%。

第二波從 3.96 漲到 5.6 元，漲幅 41%。

第三波從 4.47 漲到 7.65 元，漲幅 71%。

第四波從 6.65 漲到 16.4 元，漲幅高達 146.6%。

這四波漲勢中，前三波都有一個共同特性：

多頭行情個股不會只走一波

以巨量長黑(跌停)結束波段漲勢。但回檔卻從不破底，且很快呈現價穩量縮狀態，整理一段時間後，又展開另波攻勢！

一樣的飆升走勢，為什麼之前的松和一波就玩完，而佳錄卻能連走四波呢？

答案很簡單，前者處於空頭行情，而後者

則處於多頭行情中。

　　圖中三個★處，都是以長黑收盤的巨量，從技術面上看，主力出貨明顯，而之所以出了貨後不會大跌破底，關鍵在於大盤處於明確的多頭行情中，人氣匯集，之前的飆升走勢太吸引人，所以，回檔整理中，依然有人承接，因此能將股價撐住，維持強勢整理。

一天完成洗盤

　　第三波和第四波其實是一氣呵成的，因為中間只以一根巨量長黑交待回檔，當然也有可能是原主力出貨，但之前的走勢太強勁了，連飆八根漲停，所以，就算收了根長黑(7.65元)，但馬上有人(或許是原主力)接棒演出，一口氣又連拉 14 根漲停，而這波走勢更兇悍，中間只以二根帶長下影線日 K 棒完成盤中洗盤，就又一路直上，而之所以如此強勁，除了大盤仍走多之外，最主要的原因是，4.47 元隔天開始，佳錄的技術面已經完成全多排列，在大盤走多的保護下，因而能大演噴出行情。

　　特別提醒讀者，操作這類型飆漲狂跌股，

K線圖

5.6

5.1

5.1

2.44　　　　　2.52　　　　　　3.96

1/11　　　　　12　　　　91/1　　　　　2

成交張數

恆生（15:49）　8721.00（　285.96），前一：

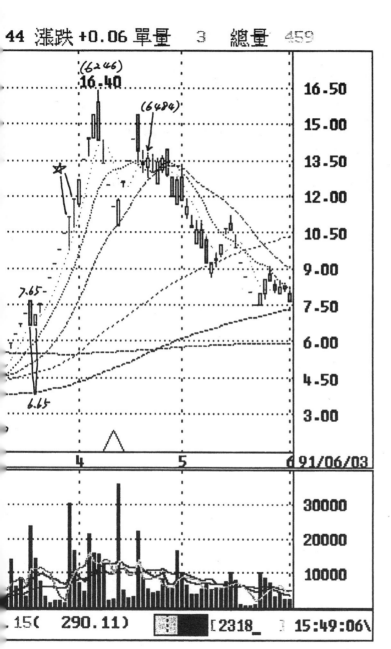

日 K 線圖只是「參考」，最重要的是看盤中走勢，因為股性活潑、投機，稍一不慎，不是被套死，就是被洗掉，不妨仔細觀察圖E佳錄日K線中，最關鍵性的一次變化，也就是 7.65 元開高走低大量長黑那天，以及隔天又開低走高再度飆升，一天完成洗盤的盤面走勢。

請看下面圖H佳錄5分鐘走勢圖：

漲停開盤跌停收盤

91 年 3 月 18 日，佳錄照往例以漲停開盤，但 5 分鐘內漲停就打開，請注意它不是一下從漲停殺至跌停的，碰到這種盤面走勢，當然回頭就砍，能多賺就多賺，誰知道這種投機股什麼時候玩完？而事實上，從 2.06 漲到 7.65 元，也已經漲了271%，幅度不算小，所以，只要反應快，應有機會出到漲停，其次，也有半個以上漲停的價位可出。

出完後，一個小時內，殺至跌停，雖不關門，但從此過不了平盤，當然不能再買回，沒想到收盤前 15 分鐘，又從 7 元平低盤(下跌0.15 元)一路急殺至跌停 6.65 元收盤，成交量爆

至 23632 張大量，也是自 2.06 以來的天量，這種量懷疑主力出貨很合乎邏輯，既然已在高檔賣掉，獲利不差，接下來就看它怎麼回檔，再做定奪得了！

反常必有妖

在正常情況下，一支飆股(連八根漲停)爆大量出長黑，隔天開跌停是正常，至少會開極低，以回應昨天的極弱勢，但第二天一開盤，就讓人覺得不對勁，因為居然開出了平盤，而且一開盤就急衝，20 分鐘內就攻上漲停，所謂「反常必有妖」，預期中的極弱勢不出現，反而又展強勢，當然再追進。結果收了根長紅，即使以漲停價買到，也比昨天的賣出價要低，結果，操作正確的回報是，第三天跳空開高，沒多就鎖死漲停，從此一路直奔 16.4 元矣！

多頭走完飆勢結束

16.4 元之後，大盤的多頭走勢也已逐漸步入尾聲，因為這一天的行情已經走到 6246，十

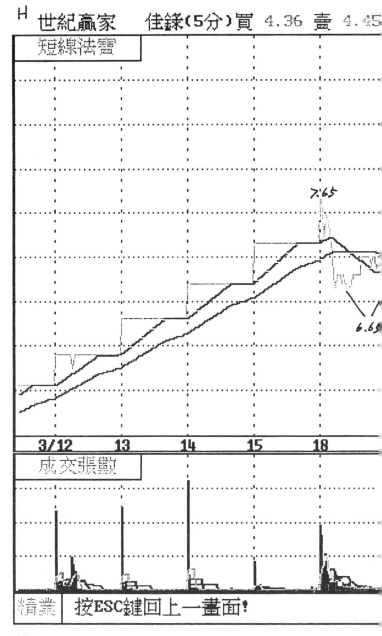

世紀贏家　　佳錄(5分)買 4.36 賣 4.45

短線法寶

7.65

6.65

3/12　　13　　14　　15　　18

成交張數

精業　按ESC鍵回上一畫面!

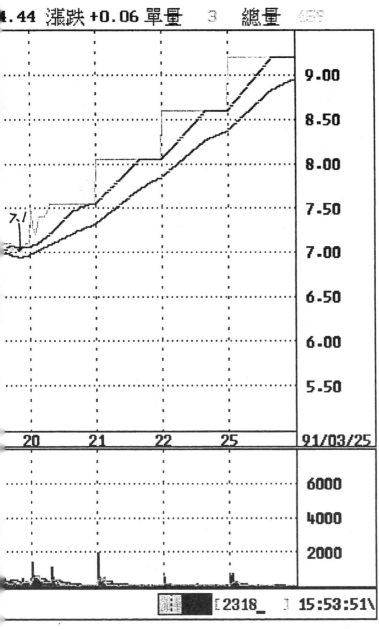

天後就走到 6484 而進入空頭，缺乏了大盤走多的保護，不管之前的佳錄有多強，也只能回檔進入整理了！

　　個股經過一段漲升後爆出大量，比較容易理解，有可能是主力出貨，也有可能是洗盤，簡單而言，只要大盤還走多，則洗盤機率大於出貨，行情可能還沒走完，這時候，就算短線已經拔檔了，也別輕易放棄，因為有些超級飆股的行情是一口氣走完的，所以會以一日的巨量長黑交待整理與拉回稍一不慎就讓人追悔不及，請看下面圖 I 合邦日 K 線圖：圖中★那天，之前的股價已經低量狂飆了十根漲停，就算每天開盤前以漲停價追進，也未必買得到，但★這天，開高走低，K 線收黑，又爆出了三千多張的歷史天量，種種跡像顯示，多頭似已走完，此時不走，更待何時？沒想到第二天又開平高走高，再攻漲停，再大飆一波，之所以如此，只有一個原因，大盤仍處多頭行情的緣故，所謂「大盤不死，多頭不止」就是這個現像。反之，若大盤已經走空，則出貨機率大於洗盤，行情很可能結束了，因為空頭市場中的

逆勢走多股通常是一波走完。

低檔爆大量時

　　但如果是已經大跌一段，處於低檔的個股，居然爆出大量時，又該怎麼看待呢？

　　基於個股必隨大盤互動的原則，個股價位會處於低檔，則行情很可能處於空頭狀態；在大盤走跌，而個股也跌了一段的情況下，個股居然會爆出大量，我們不禁要問：

　　誰在供應籌碼？或者是

量從哪來？哪去？

　　誰把籌碼接走了？

　　回答這個問題最好的方法，就是觀察大量之後的盤勢怎麼走？

　　如果籌碼是主力接走的，則後勢一定要是漲勢，而且要大漲。

　　反之，若籌碼是由主力供給散戶，則後勢肯定要跌。

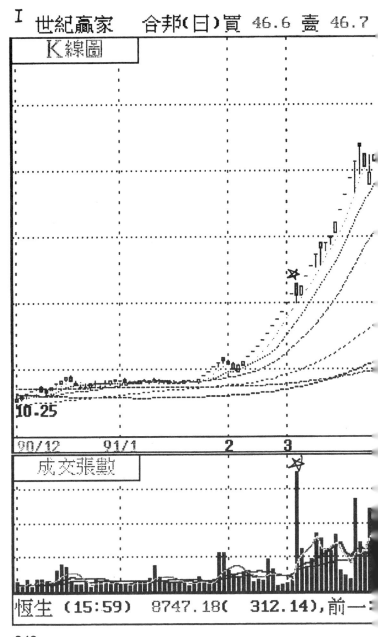

K線圖

10.25

90/12　　　91/1　　　　　2　　　3

成交張數

恆生 (15:59)　8747.18(　312.14),前一

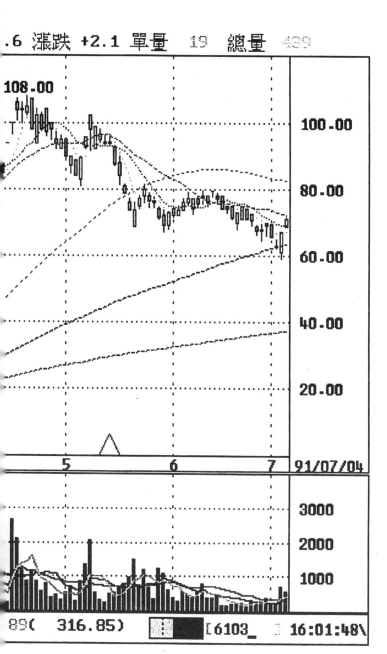

爆大量後第二天定多空

檢視方法只有一種·

看第二天股價怎麼走？

請看下面圖 J 鼎營日 K 線圖：

大盤從 91 年 4 月 22 日的波段高點 6484 下跌以來，至今為止(91 年 10 月 30 日)，最多曾下殺至 3845，跌幅 40.7%，反觀同一時間內的鼎營，卻從 6484 以後的最高價 46.1 元(91 年 6 月 11 日，當時大盤最高為 5540)大跌至 4.56 元(91 年 10 月 15 日，當時指數最低為 3979)，跌幅超過九成！

請注意 25.6 元到 4.56 元這波跌勢，事實上根本是崩盤，崩盤的特性就是無量跳空跌停，這種跌勢，除了主力，沒人敢打包票，跌停什麼時候會打開！

25.6 元開始，一口氣連殺了 24 根跌停，直到 4.56 元那天，主力一開前盤就以數千張波段少見的大量掛進，使股價不致以跌停開出(跌停價為 4.55 元)，三分鐘即拉上漲停，成交量瞬間暴增至 9541 張！

股價暴跌了九成，居然還會有這麼大的量？誰在賣？又是誰在買？

別以為低檔大量長紅就一定是主力買走，有些問題股，因為主力在高檔被套，中間出不掉(價崩盤)，初跌時也不敢進場把跌停敲開，因為找不到上當的散戶，搞不好自己套住，而股價基本面結構可能出了問題，只好在低檔(讓散戶覺得股價跌幅已深，股價便宜，應有波反彈了，因而有進場意願)將跌停敲開，盤中來回震盪，伺機出貨！

看到這裏，或許有人會問：

跌停打開的關鍵

每天跌停掛出一大串的個股，將跌停打開，則主力不是要吃進一大堆籌碼嗎？要出貨前先吃貨，這是什麼邏輯？

其實方法並不難：

開盤前主力會掛出籌碼(請注意，跌停開盤鎖住的股價，所有開盤前就掛跌停賣的籌碼，不管是掛出時間先後，都要經過抽籤，換句話說，早掛者未必早成交，完全看運氣)，然後盤

J 世紀贏家　　鼎營(日)買 4.39 賣 4.48

K線圖

46.1

91/6　　　　　　7　　　　　　8

成交張數

恆生 （16:06）　8744.22（　309.18），前一：

246

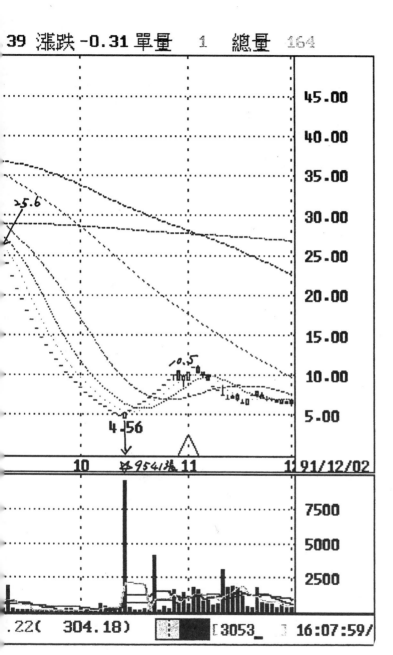

39 漲跌 -0.31 單量　1　總量 164

45.00
40.00
35.00
30.00
25.00
20.00
15.00
10.00
5.00

25.6

10.5

4.56

10　　　　　11　　　　　11 91/12/02

7500
5000
2500

.22(　304.18)　　　[3053_　]　16:07:59/

中試著小量敲進股票，若能買到自己掛出的籌碼(主力掛的一定一大堆而且運氣不錯，排在前面)，買到第一張就可以買到最後一張，便開始大敲特敲(買進自己掛出的籌碼)，這一來，手中的籌碼沒有增加，但因量快連放大已經吸引了散戶的注意，一齊進場共襄盛舉，於是散戶買進，主力賣出！

由於低檔爆大量，盤中越走越高，若收盤又收長黑，很可能是主力盤中就跑光了貨，反之，若收長紅呢？未必是主力吃貨，檢視方法還是一樣：

看第二天價怎麼表現！

若是開高、走高、收高、低量收長紅，就是主力吃貨，多頭行情將起！否則，就是出貨，沒有其它的可能了！

回頭看鼎營，4.56 元爆大量收長紅，第二天開盤就是跳空漲停鎖死，成交量萎縮至 212 張，只有前一天 9541 張的 2.2%，沒問題，昨天的大量是主力吃貨，接下來就是飆升反彈了！

果然不錯，股價從此一路狂奔，12 天內大

漲至 10.5 元，漲幅高達 130%！

　　然而，一樣的低檔大量，多空也有了極大的變化，關鍵就在第二天的走勢不同的緣故。

　　請看下面圖 K 陞技日 K 線圖：

大量之後走跌

　　大盤 6484 那天，陞技股價為 30.5 元，以後陞技隨大盤走空之勢走跌。當大盤走到 5621時，陞技也下跌至 24.7 元，相對於 30.5 元，24.7 元自然是相對低檔，請注意 24.7 元之前一個半月，技術面呈價穩量縮狀態，看起來似乎有機會漲升，卻在此時出現了大量，大量一出現後，第二天即開始下跌，一路急挫至 15.1元，跌幅達 38.8%。

已經是低檔了，為何又跌

　　當大盤又回檔至 4861 時，陞技又爆出了自6484 以來的天量，大量一出，股價又開始走跌，請注意，圖中 8 月陞技的走勢，6 日那天，大盤從 4506 開始反彈，到 23 日時彈至

K線圖

(5.62)
2.47

25.1

91/4　　　　5　　　　　6　　　　　7

成交張數

財訊459 自營商：週二(29日)自營商進出一

5030，但在這一波彈勢中，陞技只從 16.1 元彈至 17.2 元而已，而 17.2 元那天就是波段天量，巨量出來了，而大盤也反彈了，結果陞技不彈反跌，很明顯的是，大戶利用大盤反彈走漲時出脫持股，否則，這麼大的量，若是大戶吃貨，股價早就飛奔直上了；咦！股價已經跌這麼多了，為什麼還有人賣？道理很簡單，該股價還有向下調整的壓力，而這些訊息一般人並不清楚，但大戶則是春江水暖鴨先知，趕緊拔腿走人。

大量下跌形成壓力

低檔出大量不漲，是因為有人大量供應籌碼，而之所以不大跌，是因為大盤走反彈短多，把股價撐住了，等到股價來到 16 元又出大量時，配合大盤反彈結束走跌，便開始反應這二根大量對股價的壓制力道，一個月左右從 16 元重挫至 8 元，股價又腰斬了一次。

大量代表籌碼轉換

一般人常有一個觀念，量要放大股價才會漲，事實上，這只是針對低檔收紅的大盤而言，但若是高檔，則八成很可能回檔，對個股而言也未必能一概適用，在大多數情況下，不論高檔或低檔，個股爆出大量通常是個多空將轉換的訊號，因為這代表籌碼轉換，關鍵是轉到主力或散戶手上。再提醒一次，一般散戶的心態是：

散戶的多空心態

　　當股價走高時會搶買而捨不得賣，因為怕被洗掉，期待並認為還有更高價。

　　當股價走低時會不敢買也捨不得賣，前者是怕被套，後者則是賠多了殺不下手。

　　既然這樣，那大量又是怎麼蹦出來的？通常是主力大戶在其中攪和。

大戶的多空心態

　　當股價進入高檔時，人氣很旺，散戶也敢追，大戶手中持股多，此時不賣，一旦價格回

跌就不好脫手了。

反之亦然，股價已大跌了一段，居然還會出現大量且下跌，非主力大戶作怪其誰，而之所以要賣，是因為預估股價尚未向下調整完畢的緣故。

最好的量態

既然這樣，到底什麼樣的量態，才算是最正常最有利於長線多頭呢？

請看下圖L燁隆週K線圖：

為什麼以燁隆為例？因為燁隆是自 3411 以來的這波多頭行情中，漲幅最大的個股。

從 90 年 12 月的 0.36 元大漲至 92 年 2 月 7 日的 18 元，漲幅 49 倍，恐佈極了。

請注意看看底部 0.36 元之前的成交量棒，是否非常平穩整齊？不僅如此，將近二年的時間(15 元至 0.36 元)，大都呈低量狀態，這個現象說明了一點：股價一定是低量打底，換言之，在低檔區呈平穩低量才是正常走勢，也只有低量才具備上漲的動能，因為這代表籌碼安定，籌碼安定就是沒人願再賣了，這時，只要

買盤輕輕使點勁，價就會很輕鬆的上來。

以量滾量頭部在望

反過來說，一旦量開始持續放大不縮，也就是量滾量，這時，股價之所以能漲是因為想賣的人雖多，但想買的人更多，因此把股價向上推進，然而當股價漲到一個絕大多數買盤都嫌貴而不願再接手時，量就不能再放大，於是價也就下來了；看看 7.7 元波段高點之前的量就可以一目了然了！

高檔大量買力衰竭

再換個角度看，如果在漲升中，量忽然巨幅爆增(如圖中左邊 15 元時的量)，則買力很可能瞬間告竭，股價也就會因此應聲倒地不起，看看 15 元時這根超級巨量出現後，一路慘跌至 0.36 元，就可知矣！

看週線可能會見樹不見林，不妨再看看下面圖 M 燁隆的日 K 線圖：

這個圖恰好涵蓋了一個完整波段——從

K線圖

15

89　　　　　　　　　　90

成交張數

財訊468 美股電子盤：今(29)日美股期指

92/04/29

最新報價 〔2014_ 16:17:24/

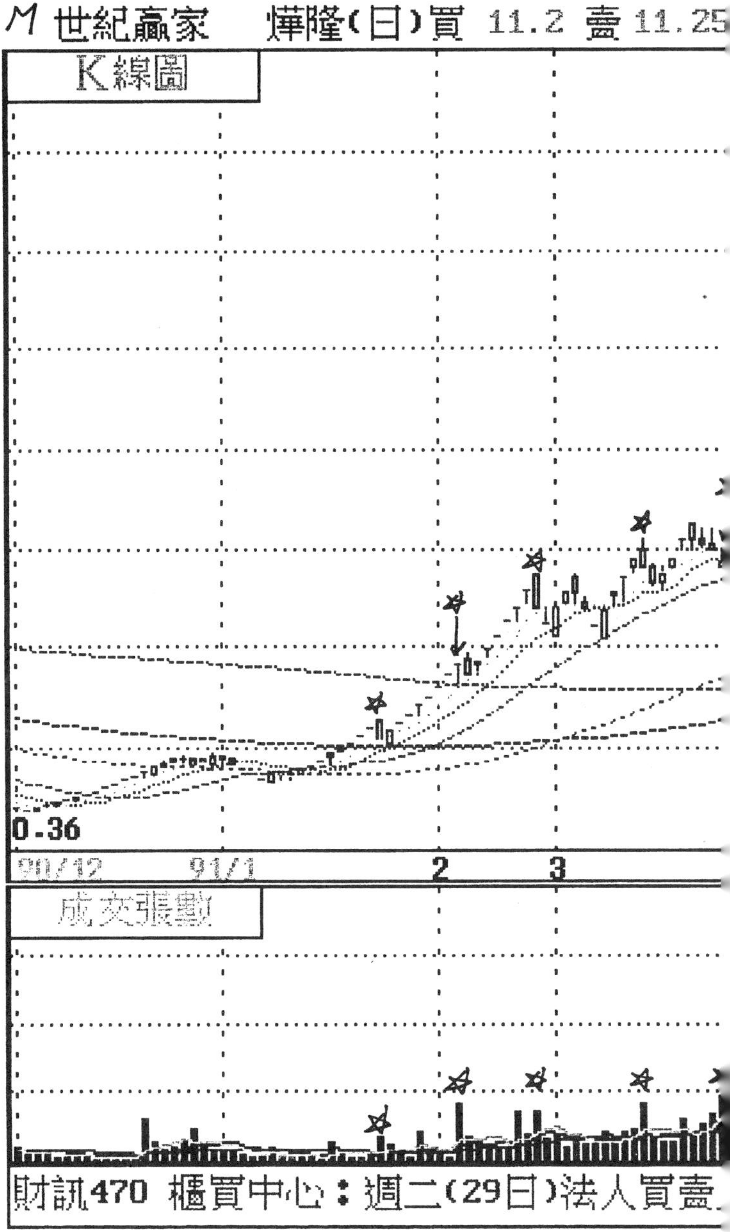
M 世紀贏家 燁隆(日)買 11.2 賣 11.25
K線圖
0.36
90/12
91/1
2
3
成交張數
財訊470 櫃買中心：週二(29日)法人買賣

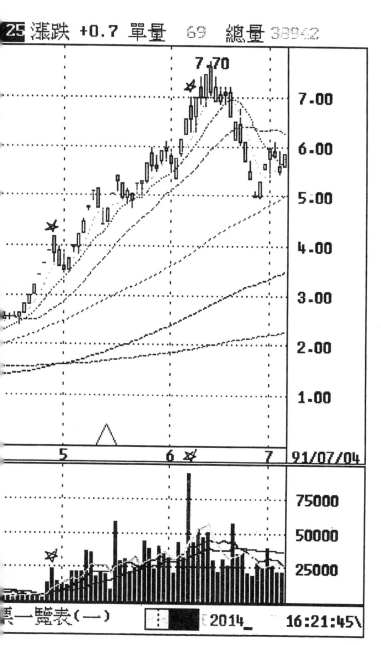

0.36 到 7.7 元的漲勢。

量穩定價就輕鬆

　　觀察重點：

　　①0.36 元起漲之前，量是否很低？

　　②0.36 元起漲後，一口氣連拉十幾根停，但量並沒有放大，這是因為籌碼安定(還沒漲夠，主力沒有出貨)，買盤稍一使勁價就上來了。

　　③圖有中★處，就是爆大量，請注意，即使像燁隆這樣的強勢股，一旦爆出大量，快則當天，慢則隔天，股價就立刻走軟，三月底的那根大量，當天的技術面還是開低走高的紅棒，但股價卻連出了五根跌停。

量一放大股價就軟

　　最嚴重的是 6 月這根波段天量出現之後，因為無法再出現更大量的紅棒，顯示買力已經耗竭，四天後 7.7 元出現，便形成了頭部，就算還要再漲，也得經過一番整理才有可能。

④最重要的一點：在漲升時，量是否都很平穩，不僅是跳空飆升時，即使是四月份這樣的緩步推升盤，量也沒放大，但只要量一放大，股價就回檔(四月底)。

從上述的例子看起來，飆升中的個股一旦出大量，一定得要有危機意識，切不可先入為主，預先假設是洗盤，就算是也寧可被洗掉，再以較高也較安全的價格買回來，雖然少賺一點點，卻安全多多！

反之，一路爆跌的個股，忽然出現了大量長紅，就表示有大買盤介入了，當然進場，理由很簡單，重挫的個股，敢伸手去接，又能把價格拉出長紅者，一定主力，既然主力都敢買個幾千張，甚至上萬張了，身為散戶的我們還怕買個幾張幾十張嗎？

第十五戰略
關卡區中有玄機

所謂關卡,對多頭而言,是前波的高點,也是壓力。對空頭而言,則是前波的低點,也是支撐。

　　但不管是多頭或空頭,關卡都是檢驗它們是真假多頭或空頭的最好標準。

　　對真正的多頭而言(所謂真正的多頭就是大多頭,而不是小多頭),關卡並不算關卡,因為多頭會以強渡關山之勢過關,向市場宣告:

　　我還沒走完,我的高點還沒到,所以關卡不是關,當然也不是壓力了。

　　反之,若這個多頭不是大多頭,而只是個小多頭(反彈)而已,則關卡就會是壓力,則最好的情況是:盤中過關,立即拉回,收盤不過,並開始回檔。

　　其次則是,盤中碰一下關下,但並不穿頭,收盤拉回。

　　最差的則是,盤中碰都不碰,立刻回頭。

碰到這種情況，就可以知道，這次的上揚可能只是反彈，而且反彈已結束矣！

對真正的空頭而言，支撐根本不是支撐，因為它很容易慣破。換言之，低價之外還有更低價，表示空頭行情還沒走完。

然而，若是假空頭呢？

那就不會去碰關卡了，就算碰了，也會一點即上，最壞的情況則是：盤中破底，但立刻縮腳，收盤留下長下影線；表示這個關卡確是多頭重鎮，空頭無力攻克，多空將易位矣！

上面講的是大盤，但對個股而言，無論是多頭的關卡或空頭關卡，過與不過，破與不破的主要關鍵在大盤；若大盤是處於多頭行情中，則關將不是關，壓將不是壓，因為終究會過。

反之亦然，若大盤處於空頭行情中，則下檔的關卡將不是關，支撐也將撐不了，終究會跌破。

關卡區中有玄機

關卡決定多空是否轉換

這裏所謂的關卡，特指二個狹義的意義：

①對多頭而言，最主要是指上波高點。

②對空頭而言，最主要是指前波低點。

為什麼要特別談關卡的問題？

因為關卡是行情多空是否轉換的分水嶺。

若是多頭行情中，過關就會續多。反之，則很可能轉空。

反之亦然，若是空頭行情中，破了關卡就會續空，反之，則很可能翻多。

逢關過關是多頭特性

請看下面圖Ａ大盤日Ｋ線圖：

這是個從 3411 到 6484 的完整多頭行情。

既是多頭行情，則前波高點，如 3898/4104/4722/5651/5926/6049/6212/6326/6484 等這幾個波段高點都是關卡。能突破就表示多頭行情還在持續進行之中，當然還是站在多方操作。

請注意，即使是明顯的多頭行情，也不是只漲不跌的，但就算拉回也不破前波低點，就這個意義來看多頭市場最重要的特性就是：

逢壓克壓、遇關過關，股價不斷創新高，技術面呈現多頭排列。

就算有回檔，也不會破底，低檔關卡支撐強勁，甚至多數時碰都不碰。

再看下面圖Ｂ大盤日Ｋ線圖：

這是個明顯的空頭行情，它的特性剛好和多頭相反，前波低點就是關卡，例如：5525/5421/5264/4808/4506/4438/3845，若是行進中這些關卡一路無撐跌破，就表示空頭行情還在持續之中，當然還是站在空方操作。

空頭市場會有反彈

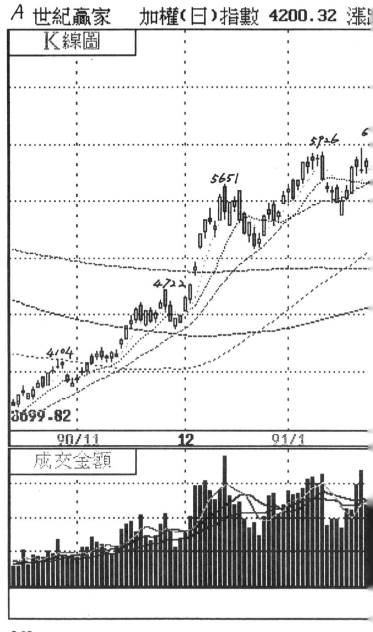

K線圖

5826

6

5651

4722

4104

3699.82

90/11　　　　12　　　91/1

成交金額

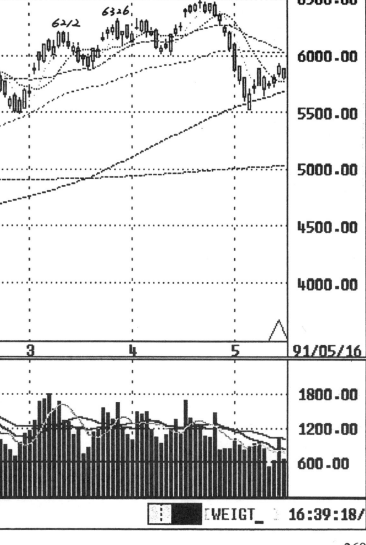

6484.93

6326

6212

6500.00

6000.00

5500.00

5000.00

4500.00

4000.00

| 3 | 4 | 5 | 91/05/16 |

1800.00

1200.00

600.00

[WEIGT_ 16:39:18/

269

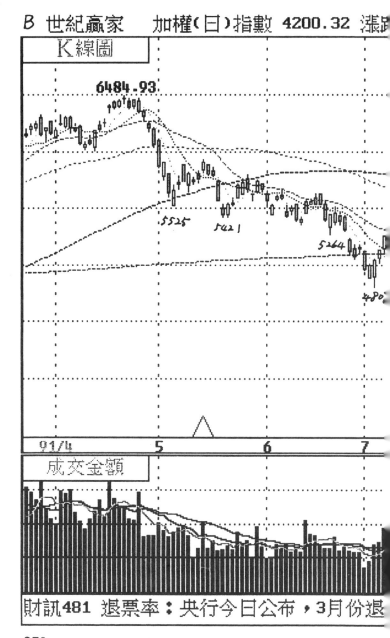

財訊481 退票率：央行今日公布，3月份退

6500.00

6000.00

5500.00

5000.00

4506

4438

4500.00

3845.76

4000.00

8   9   10   91/10/14

1500.00

1000.00

500.00

攸比率為0.53%，   [WEIGT_] 16:44:42/

和多頭市場一樣，行情即使走空也不是自由落體式地一路下跌，中間也會出現反彈，但反彈一定不能突破上波高點，因為這才符合空頭市場的特性：

　　逢壓不過，遇關跌破，股價不斷創新低，技術面呈現空頭排列。

　　上面談的都是大盤的關卡問題，但我們的操作標的主要還是以個股為主，不論走漲走跌，個股也會碰到關卡問題，如果個股走勢完全與大盤同步，大盤漲它漲，大盤跌它跌，大盤過關它過關，大盤跌破關卡它跟著破，操作起來就簡單了！

從關卡觀察個股多空

　　問題是個股和大盤會同向，但未必時時同步，大盤走多時，會有個股強於大盤，大盤走空時，也會有個股逆勢走強；反之亦然，大盤走多時，也會有個股反向走空，大盤走空時，也會有個股提早成頭並領先走弱........等不與大盤同向同步，但不管個股怎麼走，向上也好，向下也好，一定會碰到關卡問題，這時候觀察

股價對關卡的反應，就可知道個股未來走勢可能北上或南下，讓我們在最關鍵的時刻內，掌握多空易位點，避開風險，抓住利基。

看多頭如何處理關卡

請看下面圖Ｃ訊康日Ｋ線圖：

90年11與12月是訊康最明顯的主升段，走勢超強，從4元左右起漲,到12月底時大漲至27元左右，漲幅將近6倍，剽悍極了！

然而一路跳空上漲的行情，在90年12月7日時(圖中★處)，本來一路無量飆升的行情忽然打開漲停，且爆出了大量，為什麼會這樣？

是大盤不好嗎？不是，當天大盤大漲了125點。

是大盤的多頭走勢已到尾聲了嗎？也不是，事實上，6484的波段高點要四個半月以後才出現。

既如此，為什麼這天的走勢會這麼激烈，開漲停其中一定有什麼問題！盤中殺至跌停，收盤又漲停？

其中一定有什麼問題！

K線圖

3.61

1/7　　　　8　　　　9　　　　10

成交張數

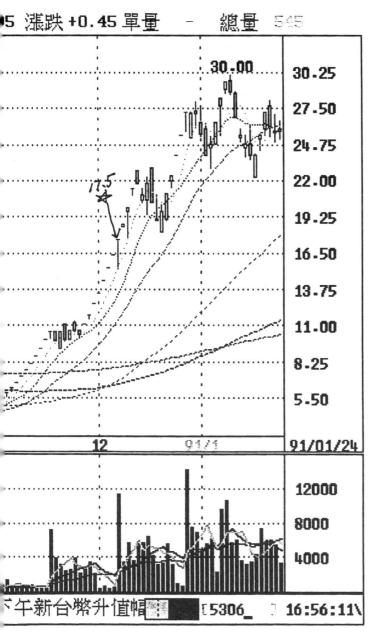

碰到這種情況，不妨向歷史找答案。

請看下面圖Ｄ訊康週Ｋ線圖：

一看週線，就一目了然了！

89年4月13日，訊康在這天創下了波段高點16.6元後，就隨大盤走空，一直跌至90年9月24日的3.61元才止跌反轉。

碰到關卡會震盪放量

11月初的上漲，走勢超強，一口氣就拉出十二根漲停長紅，經過六天的整理後，又再度以跳空長紅展開第二波攻勢，連拉八根漲停後，第八天終於來到前波高點關卡價16.6元，當天雖然以17.5元漲停開盤，但在關卡的強大牽制力之下，即使大盤走勢強勁，漲停還是被打開，並逐漸爆出大量，5分鐘之內(9點40到45分)，股價從漲停殺至跌停，碰到這種情況，該如何面對？

對關卡不可掉以輕心

當我們操作一檔多頭股時，不管它的走勢

有多強勁，一旦面對臨關卡時，一定得好好盯著它，看看多頭如何處理這個關卡，以為將來的走勢做因應。

跳空過關

最強勁的反應就是跳空過關，頭也不回地過關斬將，這種走勢就籌於宣示了多頭超強的決心，後勢將還有一波大行情可期。

過關拉回再上

其次就是關後(越過關卡)拉回，盤中震盪爆量，當天收盤再強渡關山，則後市還有多頭行情可期。

遇壓而回

再其次是，一碰關即壓回，代表關卡壓力極重，當然多頭的力道、決心也不足，當天即拉回，隨後會有一波回檔，較好的，則是整理完後再攻。

30.00

27.00

24.00

21.00

18.00

15.00

12.00

9.00

6.00

92　　　　　　92/04/29

45000

30000

15000

功　　　【5306_　】17:00:45/

不碰關卡而回

最弱的是，碰都不碰關卡就回頭，然後大跌一段。

關鍵在大盤

四種情況都有可能，但最重要的決定性關鍵，除了個股因素之外，最重要的則是大盤。

如果大盤還在多頭行情之中，且方興未艾的話，則輕鬆過關的可能性極大，至少也會像訊康一樣，盤中反應一下，收盤過關，然後再漲一段。

大盤走空則關卡難過

再換個角度看，如果大盤的多頭已走到尾聲，或甚至已進入空頭市場時，而個股股價又面臨上檔關卡時，就要特別當心了！

請看下面圖E世峰日K線圖：

世峰在 91 年 4 月時創下波段高價 33.5 元，咦！昨天還強勁收漲停(32.3 元)，今天盤中還

曾大漲了 1.2 元，半個多漲停，而且今天的大盤也只小跌了 3.47 點，但收盤卻來了根下跌 1 元並帶有長上影線的中黑，為什麼一天之間就有這麼大變化？

老規矩，不妨向歷史找答案！

請看圖 F 世峰週 K 線圖：

上波高點形成壓力

答案出來了，原來世峰在 90 年 2 月 6 日時曾創下波段高點 32.1 元，之後回跌至 4.99 元又展開多頭走勢，儘管之後的走勢極強悍，而且大盤還在多頭行情中(6484 高點在 33.5 元後二天才出現)，但遇到關卡，還是對它構成了牽制，即使前一天以漲停 32.3 元收盤，並以高於關卡價 32.1 元 0.2 元過關，按理隔天應開高走高收高才對，但事實不盡然，第二天(33.5 元那天)就露出疲態，出現關後拉回！

過關強勢再漲才算過關

請讀者注意：收盤過關不算數，之後的走

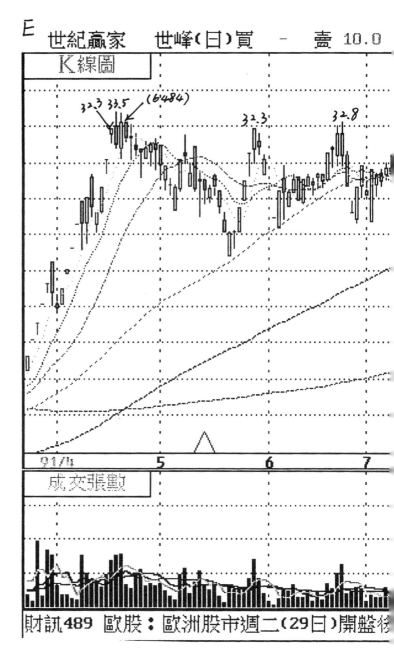

35.4
36.80
33.3

35.00

32.50

30.00

27.50

25.7
(4506)

25.00

22.50

20.00

17.50

15.00

12.85   12.50

| 8 | 9 | 10 | 91/10/14 |

9000

6000

3000

上漲   〔5442_   17:06:42〕

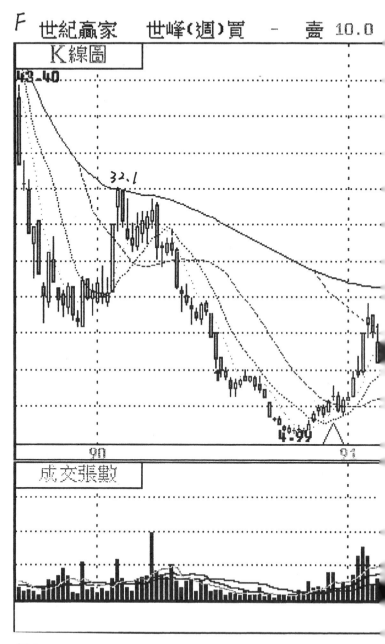

44.00

40.00

36.8

36.00

32.00

28.00

24.00

20.00

16.00

12.85

12.00

10

8.00

92/04/29

22500

15000

7500

[5442_   18:11:21\

勢還是得維持之前慣有的強勁走勢，否則就不算過關，反之，一旦過不了關，則關後拉回的後座力，輕則漲不動(就算大盤走多)，重則重挫。所以碰到過關後原本兇悍的走勢反而勁道衰減，都應是短線回檔的訊號。若是鐵齒不拔檔，還想心存僥倖觀望，若大盤還能走多時或許還能維持高檔震盪，一旦大盤開始翻空，則大幅拉回就不可免啦！

關後拉回股價大跌

33.5 元之後，世峰已漲不動，二天後，大盤從 6484 開始走軟，世峰雖然相對其它個股強勢，但還是免不了回檔，一個月之內，從 33.5 元壓回至 23.5 元，回檔了 29.8%。

請注意 33.5 元出現之後，舊關卡 32.1 元已無意義，33.5 元才是真正關卡了，之後股價曾二度挑戰關卡，但分別在 32.3 與 32.8 元，碰都不碰關卡價就下來，一下來就會有較深的拉回，而之所以如此，最重要的原因是，大盤已經進入空頭行情矣！缺乏大盤的保護，挑戰關卡失敗的機率通常較大，所以，在空頭行情

中，個股一旦反彈逼近關卡價時，除非能一舉過關，且隔天起又能以小量開高走高收高，否則在關卡價附近還是先拔檔為宜。

大盤行情從 91 年 4 月 22 日的 6484 開始走跌，8 月 6 日時殺至 4506，均線呈全空排列，但世峰卻只是回檔至 25.7 元而已，相對於大盤乃至其它個股，都是相對強勢。

不僅如此，還從 25.7 元一路反彈，並在 8 月 26 日那天，一舉過關，突破 33.5 元這個新關卡，站上了 35.4 元，闖關成功，此時世峰給人的感覺就是「我將再攻矣！」。

事實上，從它以前呈現的(從 4.99 元到 33.5 元這波強勁走勢)遠超大盤強勢的紀錄，以及完全的多頭排列技術面等等條件而言，都不免讓人有所期待！

假突破真破底

但事實呢？完全不是這麼回事，第二天就穿梆了！

我們之前提過，真正有效的關卡突破，隔天起一定要能開高走高，大漲一波才是，但隔

天的世峰卻收了根黑棒，只小漲了 0.1 元，和我們期待的走勢完全不同。

衝關成功之後不能大漲，加上大盤此時又走空頭，這種突破是假突破，反正短線已經上不去了，上不去的股票當然不能抱(如果有的話)，此時不拔檔更待何時？

假突破的結果，就是真破底，二個月內，股價從 36.8 元重挫至 12.85 元，才暫時止跌反彈。

問題出在那裏呢？

大盤走空，個股難過

出在大盤走空頭！就這麼簡單。

當大盤走空時，個股逆勢走多，主力拉起來就格外辛苦，主力不是傻瓜，當他發現往上沒人跟時(36.8 元那天的量反而縮了)，就意味著很難出貨，既然往上拉將會孤軍深入，自陷泥沼，則只有反手向下殺，做一個壓低出貨盤。

壓低為何能出貨？

為什麼壓低出貨能出貨，最主要的原因就是，在短時間內大跌一段，讓大家覺得便宜，因而進場搶反彈，結果你一進來，他就給你，若貨出完了，股價就會一蹶不振，若一下子出不完，它就會有沒事來個紅棒反彈，但只會漲個一、二天，然後又下去，一直到貨出完，或大盤由空翻多為止。

　　請注意，若有幸能在這樣的盤勢中放到空單，在大盤仍處空頭行情，且個股均線紛紛跌破，技術面也越來越空時，就別輕易空單回補，更別怕下跌途中的反彈紅棒，以免錯失能賺大錢的空頭股，除非大盤已由多翻空而個股又開始相對大盤強勢。

大盤走多就算拔檔也別放空

　　反過來看，當行情走多的時候，強勢個股攻堅過程中，碰到關卡通常可以過關，就算一下子過不了關，在大盤走多的保護下，至少還能高檔震盪，使股價不致立刻大幅下跌，所以，在多頭市場中，碰到關卡價，先別自己嚇自己，而是睜大眼睛，仔細看看多頭如何處理

關卡的問題，再決定是否拔檔，而且就算拔了檔也不要反手放空，因為你不知道它是否還會或何時「東山再起」，多頭市場被軋空，是件很丟臉的事！

空頭行情關卡撐不住

反之亦然，當行情進入空頭時，一路下跌的股價來到前波低點，甚至歷史低點時，也先別預設立場，認定這裏會有支撐甚至反彈，因而進場卡位，否則你很可能把一顆不定時炸彈揣在懷裏而不自知，一旦爆炸，恐怕有粉身碎骨的危機。

缺乏大盤背書個股底部不算數

請看下面圖 G 陞技週 K 線圖：

當陞技從波段高點 38.3 元開始回檔後，在 24.1 元時，面對了前波 23.2 與 23.3 元的關卡價，由於 24.1 元這週雖是黑 K 棒，但最低價 24.1 元並沒有跌破前兩波關卡價，這種現象常會給人一絲遐想：

① 從 38.3 元跌到 24.1 元，跌幅已經 37%，已經夠深，當然也蠻便宜了！

② 23.2 與 23.3 元是經過一年時間形成的二個大底，現在 24.1 元收腳反彈，因此，只要不破 23.2 元就是個好買點。

③ 第一個低點 23.2 元，第二個低點 23.3 元，現又在 24.1 元收腳留下影線，顯然底部越墊越高了！24.1 元應是個安全的買點！

④ 陞技在大盤跌到 4555 時，就已經落底，當時的價格為 12.15 元，到 3411 時，價格已經來到 25 元，以週線來看，對比大盤，它屬絕對強勢，現應不會破才是！

親愛的讀者，如果你存有這樣的心思，可就大錯特錯了，因為：

① 空頭市場的特性就是跌！跌！跌！跌得讓人不知所措，跌得出人意料，否則就不叫空頭市場了！

② 正好像多頭市場的高檔關卡通常卡不住股價一樣，空頭市場的低檔關卡，也只是僅供參考而已，未必就能把股價

G 世紀贏家　　陞技(週)買 6.65 壹 6.7

K線圖　41.50

38.3

23.2

25
(3411)

12.15(4555)

90　　　　　　　　91

成交張數

40.00

36.00

32.00

28.00

24.00

20.00

16.00

12.00

8.00

6-60

92

92/04/29

180000

120000

60000

〔2407_ 18:30:24\

「關」住，不再向下滑！

③ 最重要的一點是，當大盤走空頭時，個股短線雖因為跌深而不再續跌，但並不表示它已備了上漲條件，關鍵還得看大盤是否翻多，若大盤並無止跌跡象，則個股一時間的價穩量縮只是為了下波跌勢做準備而已！

操作股票，最大的忌諱之一，就是拿過去的歷史與現在做類比，這是極危險的做法，過去的「好漢」可能是現在的「混蛋」，反之亦然，過去的混蛋，可能現在已成好漢，為什麼，今昔不同，今非昔比矣！過去是過去，現在是現在，絕不能混為一談！

事實上，24.1 元之後的陞技,由於處在行情走空的大環境下，經過一番掙扎後，它還是要跌，而且不跌則已，一跌就是重挫，最後又來到歷史低點，也就是本波走勢中最大的關卡 12.15 元。

面對這種技術面，很多人會這麼想：

大盤自民國 79 年 2 月創下天價 12682 以來，歷史低點為 2485，現在別說 2485 了，還

有好幾個關卡都還沒碰到，如 3411/3098，大盤
不破歷史新低，陞技當然也不會跛，何況 12.15
元的關卡形成已有一年半，似乎也不會跌破！

個股技術面不敵大盤現實面

事實真相呢？

請看下面圖 H 陞技日 K 線圖：

91 年 9 月 3 日，陞技又收了根跌停長黑，
當天收盤為 12.3 元，隔天就面臨 12.15 元這個
歷史低價關卡！結果股價的反應是開盤跳空跌
停，盤中雖有打開，但碰都不碰 12.15 元這個
關卡，只來到 11.8 元，三天後雖有反彈並站在
12.15 元之上(收 12.45 元)，但只是個技術性反
彈而已，第二天起便又跌破，以後又連續下跌
並於 10 月 11 日殺至 8 元，別小看這 4.15 元，
以 12.15 元這個關卡價計，已是 34.1%，可真夠
慘了！

關卡一破再跌一波

在空頭走勢中，前波低點未必是支撐，但

這個關卡若是再跌破，不管上檔已經跌了多少，再向下調整一波已是不免！

如同多頭市場中會有漲幅大於大盤十幾二十倍的超強股；空頭市場中也會有比大盤弱上好幾倍的極弱股，這種弱勢股有個特色，即使在大盤止跌反漲時，它也未必能同步止跌反彈，大盤往北走，它老兄照樣向南行，而且跌起來沒完沒了，不信你看下面圖 I 寶建日 K 線圖：

大盤於 3411 落底時，寶建已從 1.82 元下跌至 0.97 元，幾乎腰斬，時間也只有一個月而已，跌幅不可謂不深，然而，當大多數個股紛紛追隨大盤展開反彈時，寶建反而從 0.97 元再大幅下挫至 0.34 元才見底，相對於大盤 52.8%(5214－3411÷3411=0.528)的彈幅，寶建則反向大跌了 64.9%，一來一回落後了大盤 117.7%，簡直嚇死人了！

對於極弱勢的空頭股而言，就算大盤已經反彈，但只要個股沒有反彈走強的跡象，就不宜預設立場而進場，以免大賺指數又大賠差價！

大盤走多個股大跌就大漲

話說回來，這種超跌股日後也將超漲，但能否大賺的關鍵則在進場時機，所謂來得早不如來得巧，對於極弱勢股而言，其下檔關卡價都只是參考而已！

再往前看 90 年 10 月寶建的走勢，整整一個月，力守前波低點，也就是關卡價 0.91 元，在大盤逐漸翻多的情況下，很難不讓人認定 0.91 元就是最好支撐價，也是最佳買點，然而，若 0.91 元真是有效支撐關卡價，則在一經碰觸後就應在 3411 底部確立之後立即彈升，而不是再橫走一段，不能領先並強於大盤，則上波關卡就不具支撐，當然更不是好買點了！

真正的強勢不碰關卡

再看下面圖 J 寶建日 K 線圖：

91 年 8 月初開始，寶建又開始一波大跌走勢，十七天內連收十七根跳空跌停長黑，然而，本來一直極弱的走勢，在股價壓至 0.4 元，距離歷史低點 0.34 還有 0.06 元時，就立刻

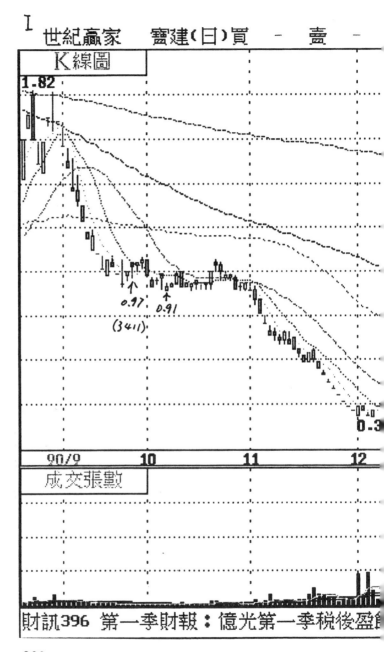

1,042萬元，EPS 0 ▓▓▓ 　[2512_ 　] 13:44:48\

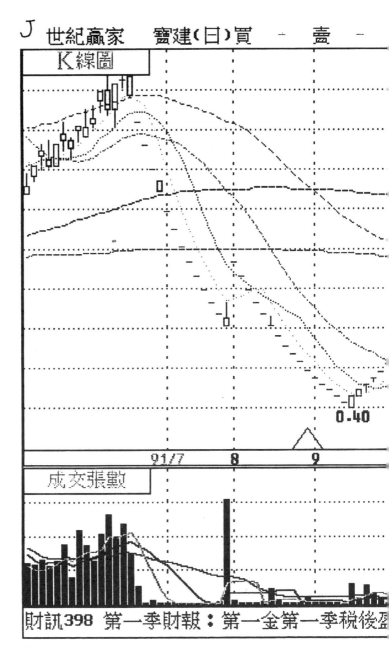

0.40

91/7　　8　　9

成交張數

財訊398　第一季財報：第一金第一季稅後盈

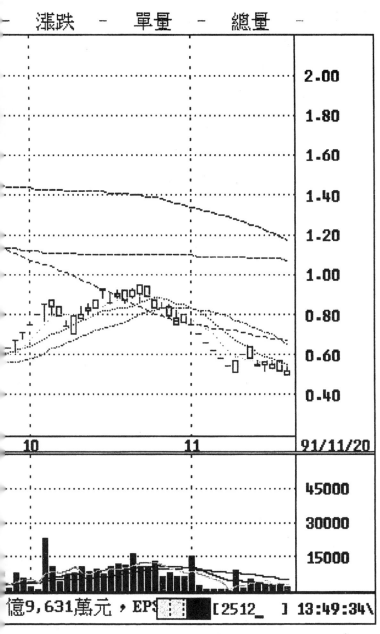

2.00

1.80

1.60

1.40

1.20

1.00

0.80

0.60

0.40

10   11   91/11/20

45000

30000

15000

億9,631萬元，EPS[   ][2512_   ] 13:49:34\

反展開大反彈，碰都不碰這個關卡，不但如此，還能不畏大盤的空頭走勢，一口氣連拉七根量價配合極佳的長紅，就可證明，這個 0.34 元的關卡價是真的具有支撐性，既如此，0.4 元這天的巨量長紅也就是個不錯的短線買點了，結果，它果真從 0.4 元展開短線飆升，第一波從 0.4 元以 8 根連續性長紅，大漲至 0.7 元，漲幅 75%，第二波則從 0.58 元大漲至 0.87 元，漲幅 50%，別忘了，這可都是連續性長紅呢！此後，若能隨著股價越走越高，短線就可能從中線而長線了！

第十六戰略
看價選股 a
多頭初起的選股

多頭行情初起的現象是：

大盤不但不再破底，反而逐日收紅。然而，歷經了一段長時間的空頭走勢，這時的大盤和個股，技術面都還在空頭狀態中。

這時候的選股，一定要先避開少數未隨行情下跌，技術上仍呈多頭排列的相對強勢股。這種股因為未隨行情下跌，相對而言，股價屬於貴族級的，肯定不會被主力看上，所以不大可能成為行情初起時的主流。

面臨這種乍暖還寒的時刻，究竟誰會脫穎而出呢？

別擔心！盤面會告訴你。

最好的方法是鎖定電腦中的強勢股排行榜，選定最強勢股買就對了。

能在這種關鍵時機展現強勢的個股，一定有主力介入，因為行情尚不明朗，一般人都不敢進場，之所以如此，是因為空頭剛結束，多頭初起之際，多數人尚處於空頭的陰影之

中，生怕這波「反彈」是下波走跌之始，既然怕再跌，當然也不敢進場。

主力則不然，他們通常站在散戶的對立面思考，當你看多時，他看空；當你看空時，他看多，尤其當多頭初起時，股價位於低檔，價格便宜形成進場誘因，此時不買，更待何時？於是便展現出強勢。

值得注意的是：

若同時有幾支個股顯現強勢，則儘量選擇股本小、股價低，股性活潑（可以歷史經驗檢視）的個股搶進；注意是「搶進」，因為這種股一旦走強，就不會輕易回頭，想再買低價？別美了！。

看價選股 a
多頭初起的選股

乍暖還寒時的選股

　　當大盤由原先的空頭走勢或跌勢，忽然開始展開漲勢時，當然是進場做多，由於是剛開始由跌轉漲，無論大盤或個股，絕大多數都會呈現出一種現象：

　　大家的技術面都不太好！

　　而且更特別的是，這時候，技術面相對強勢，甚至還呈多頭排列的個股未必從此展開一波多頭攻勢，甚至往往呈現相對弱勢。

除非它能與大盤同步，並在盤面上領先大盤展開攻擊。

這下好了！技術面強勢的個股不能選，而絕大多數個股的技術面都很差，那究竟怎麼選股呢？

沒人知道這只是個技術性小小反彈或中級反彈，彈完了就要跌，而且很可能一跌就破底；或者這個上漲行情根本是反轉，既要進場做多，當然是先把持一個短打心態，苗頭不對就要拔腿走人，所以，這時候的操作原則就是看誰是能在最短時間內讓我賺最多錢的個股，而找這種股最直接的方法，就是拋開所有技術面，拋開所有的指標，而是緊盯著盤面。

鎖定盤中最強勢股

盯著盤面幹什麼呢？

請注意：由於反彈行情初起，所以，盡管大盤已上漲了，但不會所有的個股都漲，此時，就算看對了大盤，若上錯了車，買錯了個股，不但賺不到錢，說不定還會被套賠錢，之所以如此，是因為行情短線忽然逆轉，休說一

般投資人尚未反應過來，就連主力群恐怕也是步伐不一，只有部份膽大、心細，財大氣粗的主力才會勇於介入拉抬，這種被主力看上的個股就會在盤面上顯示出來，因為這種股會率先表現強勢，遙遙領先大盤，也遙遙領先其它個股，這時候，只要大盤短線沒有破底之虞，而且大盤今日收紅的可能性極大時，就應勇於介入這種：

誰最強就買誰

盤面上最強的個股。

這麼做，有二個好處：

①只要賭對了大盤，這種股在短線上會有極大漲幅，讓你迅速獲利。

②退一萬步說，就算看錯了大盤，只是一日行情——大盤隔天又拉回，但這種短線強勢股即使隨勢走軟，相對於其它個股也會有較大的出手(或逃命)空間，運氣好的話，說不定還可小賺！

這裏要特別強調一點：

千萬別買盤中弱勢股

多數人在此時常會犯一個錯誤！

不去追買最強勢股，理由是因為當天可能已沒賺頭了，而去低接盤中相對弱勢股，期望它能從盤下拉出長紅，當日就可賺錢！

這種做法其實極不智，因為：

①若大盤只是一日行情，則這種弱勢股第二天就會領先下跌，而且一開盤很可能就開低，讓你昨天好不容易賺到的錢立刻吐出來，說不定還倒貼。

②就算運氣好，賭對了大盤，但因為昨天呈相對弱勢，雖然尾盤也和別人一樣拉出長紅，但這種股是被大盤帶上來來弱勢股，不是帶領大盤上攻的強勢股，所以，盡管大盤此後開始上漲，但它的走勢就不會像強勢股一樣，痛快俐落，不但漲幅小，而且當大盤回檔時，它就會領先大盤與其它個股下跌！

買股票是買明天

記住：

買股票是賺它明天漲勢的錢，不是今天。

因為明天有無數個，今天只有一天。

買了強勢股，今天雖賺不到錢，但明天一開盤，很可能就給你 7%利潤，弱勢股則很可能開個平盤，然後隨大盤之勢浮沉，讓人心焦不已！

先從大盤看起

大盤自 89 年 2 月 18 日的 10393 盤頭走空之後，一直走了一年半多的熊市，才在 90 年 9 月 26 日的 3411 形成中底。不妨看看 3411 反轉時，大盤的五分鐘走勢圖。

現在回頭看 3411，當然很容易確定這是個中期底部，因為多頭行情整整走了半年，而且漲勢從 3411 到 6484，大漲了幾乎一倍，不要小看了這一倍的漲幅，這只是大盤，最強勢的個股可以漲個 10 倍(如 2361)，而超強股可以暴漲 21 倍(如 2014)。所以，越早確定行情，越早介入，賺的錢就越多，操作起來也更輕鬆。

而要確定行情，當然得從大盤著手，唯有大盤走多，才能護送個股走多，進而展開大漲

行情，而行情的轉折，當然是由短而中而長，所以，在行情可能將反轉的當口(初彈期當然沒人能打包票)，看日 K 線有點緩不濟急，所以，最好的方式是從五分鐘走勢圖著手。

不再破底就是機會

請看下面圖 A 大盤在 90 年 9 月 26 日於 3411 落底時的五分鐘走勢圖：

從 9 月 26 日到 10 月 11 日十個營業日之內，大盤走勢出現了明顯的變化，不再如以前一般快速、大幅下跌。而在 3411 低點出現之後，股價在 10 天內雖不穿頭，但也不再破底，在這期間內，不妨以 3411 為停損點，一旦跌破，則停損賣出；請注意，這期間內最高點為 3645，距 3411 不過 6.8%(234 點)，不過個股一支漲停，但也未必會這麼倒楣，買到最高，何況之後也沒有出現過跌破 3411 的賣出訊號，上面的操作是依大盤而言，現在回到個股上來。

盯住漲跌幅排行榜

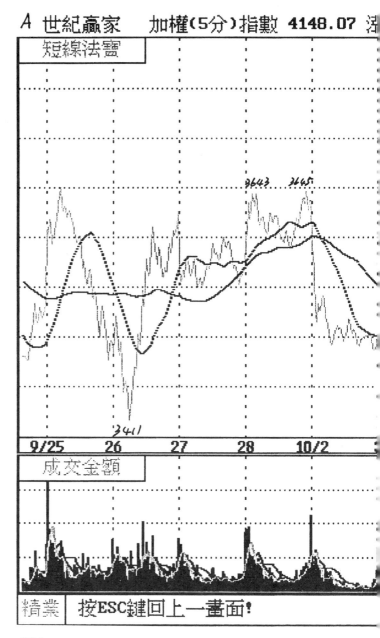

3750.00

3700.00

3650.00

3596

3585

3600.00

3581

3550.00

3510

3500.00

3495

3477

3450.00

3438

| 4 | 5 | 8 | 9 | 11 | 90/10/11 |

45.00

30.00

15.00

[WEIGT_] 17:33:41/

317

當大盤顯現出跌不下去的味道時，選擇盤中最強勢股最好的方法當然就是緊盯盤面上的電腦「漲跌幅排行榜」。

　　在這裏得先特別說明一點：

　　只有與大盤同日或者小延後(最好不要提前)落底，最好是之前曾經急跌、大跌過且量縮的個股，才會是反彈初期的最強勢股。

先大盤落底走強者別選

　　從這個意義來看，之前先在盤面上展現強勢，之後又延後落底的就不是優選了？沒錯！

　　請看下面圖B希華五分鐘走勢圖：

　　圖中有★者，即為大盤於90年9月26日在 3411 落底那天。請注意，在 3411 之前三天，希華就已在盤面上展現強勢，之前三天的大盤都呈弱勢，但希華居然三天內連拉了二根漲停，然而，卻在 3411 那天，大盤出現了一根131 根長紅時，它雖也順勢拉出長紅，但顯然是尾盤被大盤帶上去的(看圖 B 即可知)；事實上，當天的長紅股極多，以希華收漲停的時間已近收盤而言，實屬弱勢，之所以如此，是因

為希華沒能與大盤同步的緣故——大盤落底前三天，先走了二天強勢。

先落底就會先走弱

　　大盤落底前，它又強勢轉弱勢，於 18.9 元至 24.9 元強勢反彈，當大盤已不再破底後，它卻又殺至 18.7 元，破了 18.9 元的底，這就註定了希華在 3411 到 6484 這波多頭行情中的弱勢命運了！

　　請看圖 C 希華日 K 線圖：

　　大盤盤於 3411 落底之後，行情到了 12 月初時，由於政治利多，曾經走了一段由了 4532 大漲至 5651 的噴出行情，九天內大漲近 25%，這段期間內，連拉個六、七根長紅甚至漲幅六、七成的個股比比皆是，但希華呢？不過小漲了 28%，還走得有氣沒力的！

　　這還沒完，大盤在 91 年 4 月 22 日才在 6484 成頭回檔，但希華卻早在 4 月 15 日於 41.9 元時就結束多頭行情，打道回府了！

大盤走多弱勢股會隨勢浮沉

短線法寶

亦高走低　尾盤收劣
日K長黑　拉出長紅

24.9

漲停

漲停

☆
3411
入袋落底

9/24　　25　　26　　27　　28　　10

成交張數

精業　　按ESC鍵回上一畫面!

5.7 漲跌 +0.5 單量 14 總量 1672

24.75
24.00
23.25
22.50
21.75
21.00
20.25
19.50
18.75

18.7
跌穿破底

3　　4　　5　　8　　9　　90/10/09

600
400
200

[2484_]　17:38:57\

K線圖

18.9 (3411)　18.70 (3568)

21.6

90/9　　　10　　　11　　　12

成交金額

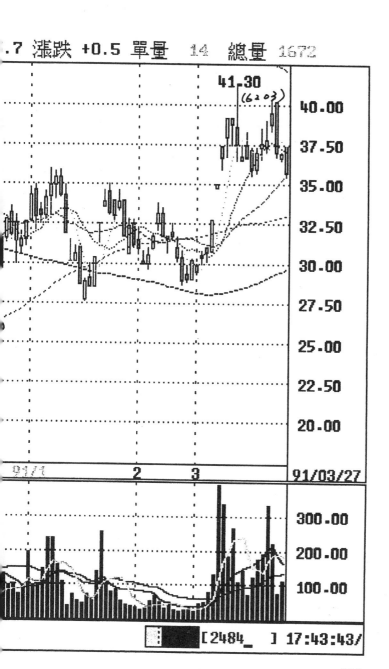

41.30
(6203)

40.00

37.50

35.00

32.50

30.00

27.50

25.00

22.50

20.00

2　　3　　91/03/27

300.00

200.00

100.00

[2484_   ] 17:43:43/

希華的例子告訴我們，就算行情由空轉多，但若是選錯了股也不容易賺到錢，以希華而言，從 3411 到 6484，大盤漲了九成多，同一時間內，希華也只能托大盤的福，從 21.6 元上漲至 41.9 元，漲幅雖也有近 94%，不過，已是相對弱勢，因為多數股都有二、三倍漲幅，最強勢股則有一、二十倍；再看看它這段期間的走勢，大多是隨勢浮沉的，就算中途上了車，也未必抱得住啊！抱不住，當然也不可能賺到這九成漲幅了，所以說，它不是這段行情中，值得操作的個股！

當大盤由不破底轉穿頭時

再回頭看圖Ａ，3411 之後，連續八天，都還是一片混沌不明的走勢，行情忽上忽下，但有一點較特別的是，不管盤怎麼走，就是不破 3411，且自 10 月 4 日以後，雖不能穿頭，卻也已一底比一底高，變盤的味道愈來愈濃了！到了 10 月 9 日 11 點 25 分，大盤終於連穿了圖Ａ中的二個頭部 3585 與 3591，不破底而又開始穿頭，多頭訊號愈來愈明顯，相對地，介入風

險也愈來愈低了，這時候，不能不檢視一下盤
面最強勢股了！

選出盤中最強股

這時候電腦上的漲跌幅排行榜顯示，盤面
上最強的個股有三支:揚智、南方與聯電。

請看下面圖 D 聯電、圖 E 南方與圖 F 揚智
當時的五分鐘走勢圖：

其中最強的是揚智，9 點 55 分時就攻上漲
停。其次是聯電，11 點 50 分攻漲停。最後是
南方，12 點才攻上漲停。

先剔除大牛股

對於一般投資人而言，資金不多，又期望
短線最大的獲利，所以，操作標的股不宜多，
照顧起來方便些，基於此，首先應將聯電剔
除，因為股本太大，不容易狂飆，事後證明，
這個決定是對的，看看圖 D 聯電在 10 月 9 日以
後的走勢就知道了，強勢只延續了一天，第三
天就開低走高下來了！

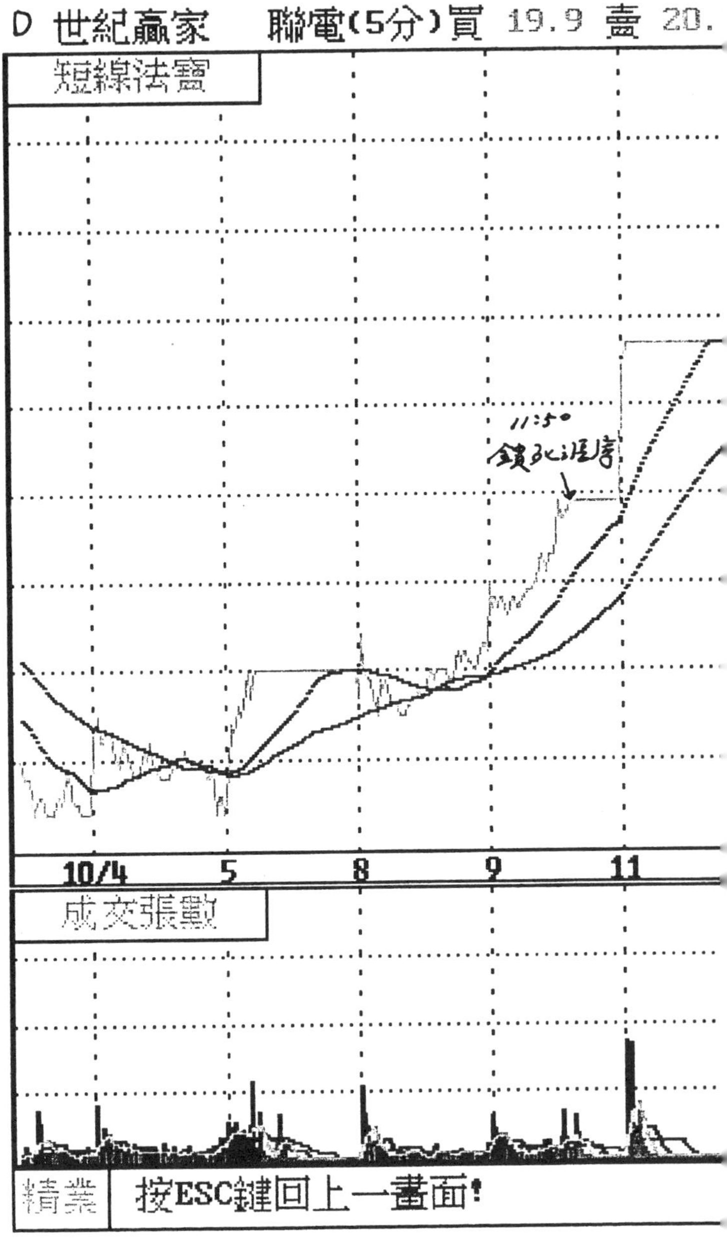

短線法寶

11:50
鎖死漲停

10/4　　5　　　8　　　9　　　11

成交張數

精業　按ESC鍵回上一畫面！

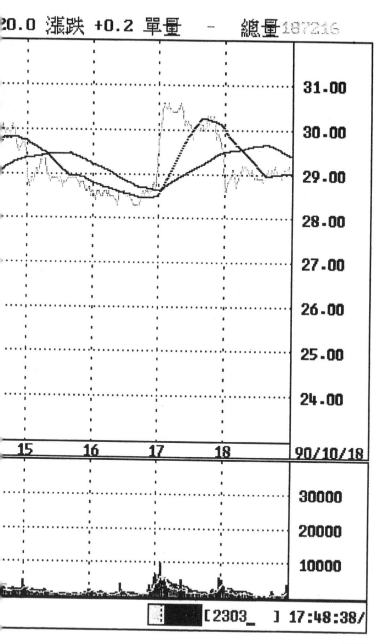

20.0 漲跌 +0.2 單量 － 總量187216

31.00

30.00

29.00

28.00

27.00

26.00

25.00

24.00

15　　16　　17　　18　　90/10/18

30000

20000

10000

【2303_ 】 17:48:38/

短線法寶

12:00
跌水漲停

10/4　　　5　　　　8　　　　9　　　　11

成交張數

恆生 (14:31)　　8774.62(　　57.40),前一

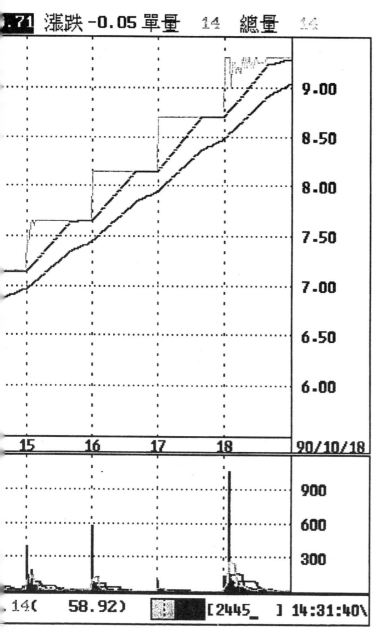

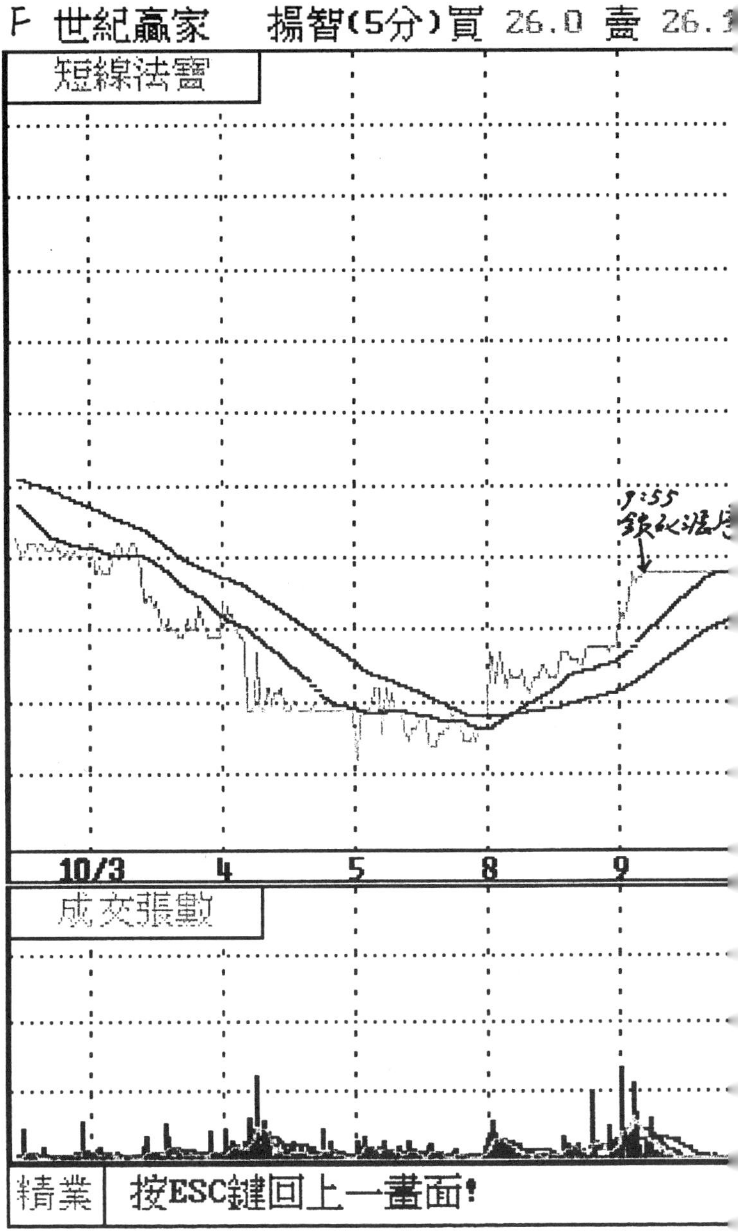

短線法寶

9:55
錢必漲停

10/3　　4　　5　　8　　9

成交張數

精業　按ESC鍵回上一畫面!

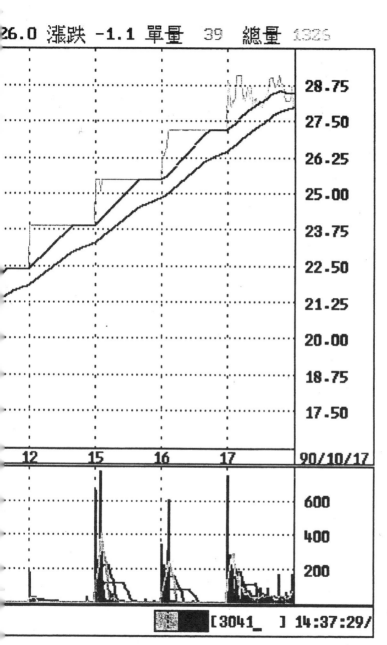

26.0 漲跌 -1.1 單量 39 總量 1326

28.75
27.50
26.25
25.00
23.75
22.50
21.25
20.00
18.75
17.50

12 15 16 17 90/10/17

600
400
200

[3041_] 14:37:29/

331

奮勇追進最強股

剩下南方與揚智，這時應毫不猶豫的追價，首選當然是揚智(當時雖攻漲停，但在漲停價上開開關關，還能買得到)，其次就是南方了。

現在回頭看看，當行情在轉折時，買進盤面最強勢股的結果，南方從 5.7 元漲至 14.55 元，漲幅 155%，而揚智則更兇悍，從 17.5 元大漲至 73 元方休，漲幅高達 317%，之所以如此，是因為在 10 月 9 日行情正式反轉時，揚智比南方強的緣故。

現在，不妨把格局放大，看看揚智與南方在 3411 之前與之後的一些積蘊漲勢的技術現象：

先前弱勢之後才能強勢

請看圖 G 揚智與圖 H 南方的日 K 線圖：

①揚智在 3411 之前，就從 38.5 元大幅下挫至 21.2 元，跌幅 44.9%，比同一時間內大盤的跌幅 25.7%(4595 至 3411)，多了一大截。

②3411 之後，又從 23.8 元下跌至 17.5 元才落底，落底時間落後了大盤八天。

③17.5 元落底前雖大跌，但量棒頗整齊，顯示其籌碼極安定。

④17.5 元前的技術面是全空排列。

⑤3411 之後的最高點落在 91 年 3 月 7 日的 90 元，整體漲幅高達 414%，雖比大盤早成頭，但漲幅夠大了，何況 3 月 7 日後又有新飆股供選擇呢！

那南方呢！

①3411 之前大慘跌，從 15.7 元大幅下挫至 7.35 元，跌幅 53%，比大盤多跌了一倍多。

②3411 之後，又從 8 元下跌至 5.7 元才落底，和揚智一樣，延後大盤八天落底。

③5.7 元之前的大跌，量棒平整，意思是，不管怎麼跌，就是有人不願再殺，越跌籌碼愈安定。

④5.7 元之前的技術面也是全空排列。

⑤3411 之後的最高點落在 91 年 1 月 11 日的 19.2 元，漲幅高達 236%，落底時間雖早，但 1 月 11 日之後，大盤仍走多頭，選擇其它股

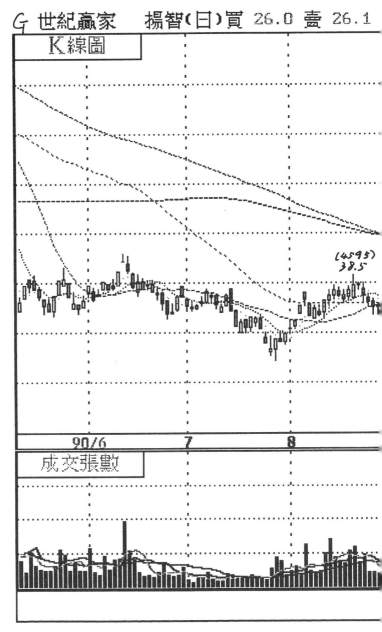

K線圖

(4595)
38.5

90/6　　　　　7　　　　　8

成交張數

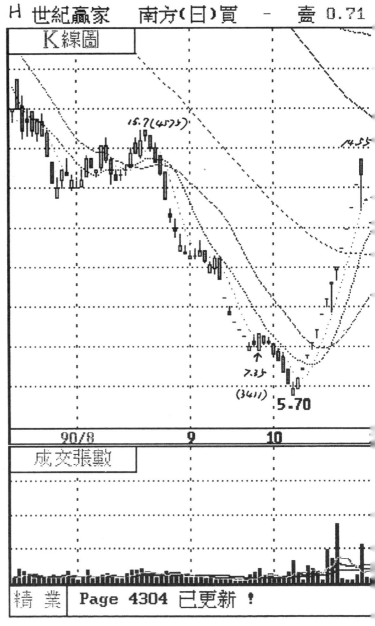

漲跌 -0.05 單量　14　總量　14

18.00

16.50

15.00

13.50

12.00

10.50

9.00

7.50

6.00

19.20

12　　　　91/1　　　　2　91/02/06

7500

5000

2500

[2445_　]　14:45:53/

操作的時間顯然比揚智多很多。

⑥最重要的一點是，它的整體漲幅雖不如揚智，但請注意 5.7 元之後的那段漲勢，一直攻到 14.55 元才結束，15 天之內飆升了 155%，短線走勢比揚智凌厲多了，其中最重要的原因在於 5.7 元落底前，跌勢夠猛，跌幅夠大的緣故。

看到這裏，讀者們是否有種似曾相識的感覺？

咦！聯電、南方、揚智這三個例子不是在作者先前的著作談過了嗎？怎麼又炒起冷飯來了呢？

其實不是！

之所以再幫讀者們溫習功課，是因為行情由跌轉漲時初起的操作就是這樣的模式，筆者之所以「舊例重提」是要呼應下面這幾個新例子，加強大家的印象，這個方法之前適用，現在也適用，因為以前印證過，現在又讓大家印證一次，因為同樣的情況又發生了，而且過程與結果又如出一徹，證明這個方法是可行的，可以獲利的！

不妨再以 3845 到 4682 這波反彈原則為例，看看上述的操作原則是否適用？

請看下面圖 I 大盤日 K 線圖：

大盤自 6484 走空以來，至今日為止(91 年 10 月 30 日)最大一波的反彈就是圖中的 3845(91 年 10 月 11 日)到 4682(10 月 28 日)，別小看這波只有 837 點，21.7%的反彈行情，彈幅最大的可以超過一倍，而他們又是怎麼冒出來的呢？答案很清楚，它們都是大盤反彈之初，盤中領先大盤走強的強勢股。

回頭看大盤日 K 線圖：

大盤真正走強是 91 年 10 月 15 日那天(圖中★處)，當天開盤就上漲了 70 點(開 3980)，隨後開高走，高這時候，個股間的強弱度就顯示出來了，依照老原則——盤面上誰最強就買誰。

不僅如此，還要設定下列標準：

① 反彈之前大跌者為優選。

　　因為股價給人便宜的感覺。

② 反彈之前不但大跌且量又縮者為優選。

　　表現籌碼安定，漲起來又快又猛。

K線圖

91/6　　　　7　　　　8

成交金額

5750.00

5500.00

5250.00

5000.00

4750.00

4500.00

4250.00

4000.00

3845.76

10   11   12   91/12/04

1200.00

800.00

400.00

[WEIGT_] 15:21:55\

③ 股本小者為優選。

股本愈小股性就活潑。

越能符合這三個條件者越有加分效果。

就這個標準來看，若是盤中一樣強勢，但之前沒大跌或量沒縮或股本較大都應剔除了，沒錯！

在這個標準下，有些當天盤中最強勢股，因為不符合上述三個條件，強勢不持久，就很自然被淘汰掉了，例如京元電就是個例子。

請看下面圖 J 京元電日 K 線圖：

10 月 15 日那天，京元電強烈呼應大盤的多頭攻勢，開盤就跳空漲停，可謂盤中第一級的超強股，但它的強勢只持續了四天第五天以後就開始走軟了，總計漲幅不過 38%，比大盤 21.7 問看起來似還不小，然而跟真正的強勢股比起來，可差遠了，為什麼京元電的強勢不過是「程咬金的三斧頭」？原因如下：

① 在大盤的 4506 到 5030 的反彈幅度過大，14.6 元到 23.2 元，彈幅近 59%，比大盤的 11.6% 多太多，根據前波強勢者本波必不強的原則，就算一開始盤中強勢，但不會持久。

②22.8 元到 12.5 元這波下跌中，量棒不齊，顯示其籌碼並不安定。

這二個技術上的壓力，讓它無法持續性強勢。

事實上，最符合上述條件者，莫過於鼎營與佳錄。

先看圖 K 鼎營日 K 線圖：

請看鼎營是否合乎上述三個條件？

①大盤 3845 之前是否曾大跌？

答案是肯定的，無論從波段高價 46.1 元或從 25.6 元崩盤起算，都是鼻青臉腫，堪稱上市股跌幅冠軍。

② 成交量是否萎縮。

當然也是肯定的。

③ 股本呢？

不過十億。

最重要的一點是，盤中走勢有多強？

9 點 2 分拉上漲停鎖死，夠強了吧！

天時地利人和兼備的條件下，便鼎營在 12 營業日內拉出了 11 根漲停，而且六天跳空，漲幅高達 130%，比起大盤 21.7%的彈幅強太多

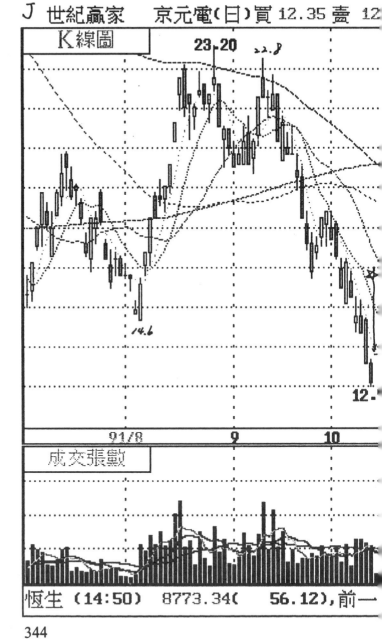

J 世紀贏家　京元電(日)買 12.35 壹 12

K線圖

23.20　22.8

14.6

12.

91/8　　9　　10

成交張數

恆生（14:50）　8773.34（　56.12），前一

345

Ｋ線圖

46.1

91/6　　　7　　　8

成交張數

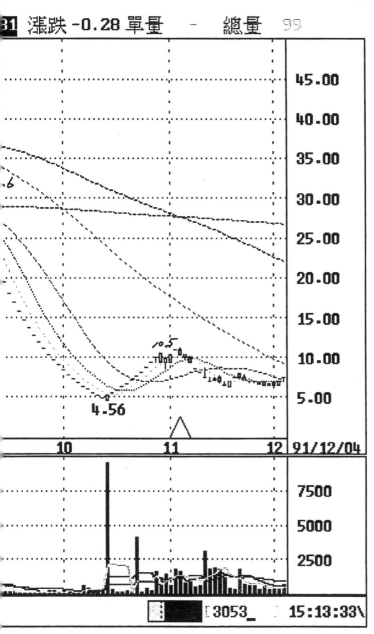

了！

再來看佳錄，請看圖L佳錄日K線圖：

不必再浪費筆墨重複，佳錄三大條件都符合；曾大跌，量棒齊整，股本小，而且是開盤35分鐘後拉上漲停，也是當天第一線的最強勢股。

漲幅呢？12天內從31.8元狂奔至6.55元，漲幅120%，也是12天內連拉11根漲停。

當大盤由空開始翻多時，選擇盤中最強勢股除了上述的優點之外，還有一個最大的好處：

以最強勢股做為指標

以這些強勢股作為觀察大盤的指標。

當大盤由跌逐漸轉漲時，所有人都面臨一個困惑：

這是一日行情？還是反彈？還是波段行情？

以3411這波上漲為例，它當初起漲時，怕沒多少人會認定它是個漲幅近一倍的大行情，多數人只會認定它是反彈行情而已！

問題是怎麼去判斷它是小反彈還是大行情呢？

領先走強股回檔大盤不回——多頭格局

這時候，上述像南方、揚智等帶頭上的主力股，就會成為判斷行情的最好依據了！

仔細觀察，當這二支股結束短線飆漲時：

大盤有沒有跟著大幅拉回？且拉回後又一路急跌，走回原先的弱勢？

如果沒有，就表示大盤的多頭已經確定，領先強勢股已完成其點燃多頭火種的階段性任務，先前由它帶領多頭行情的任務，已交給大盤，由大盤來帶領個股攻擊了！

強勢股回大盤亦回——技術反彈

反之，若主力股結束極短線飆漲後，大盤也跟著下跌，且又頻頻出現破底走勢時，就表示，這波由主力點火的上漲，只是個反彈行情而已！

不妨看看 91 年 7 月 3 日到 7 月 16 日，大

∟ 世紀贏家　　佳錄(日)買 3.85 賣 3.94

K線圖

91/5　　　　6　　　　7

成交張數

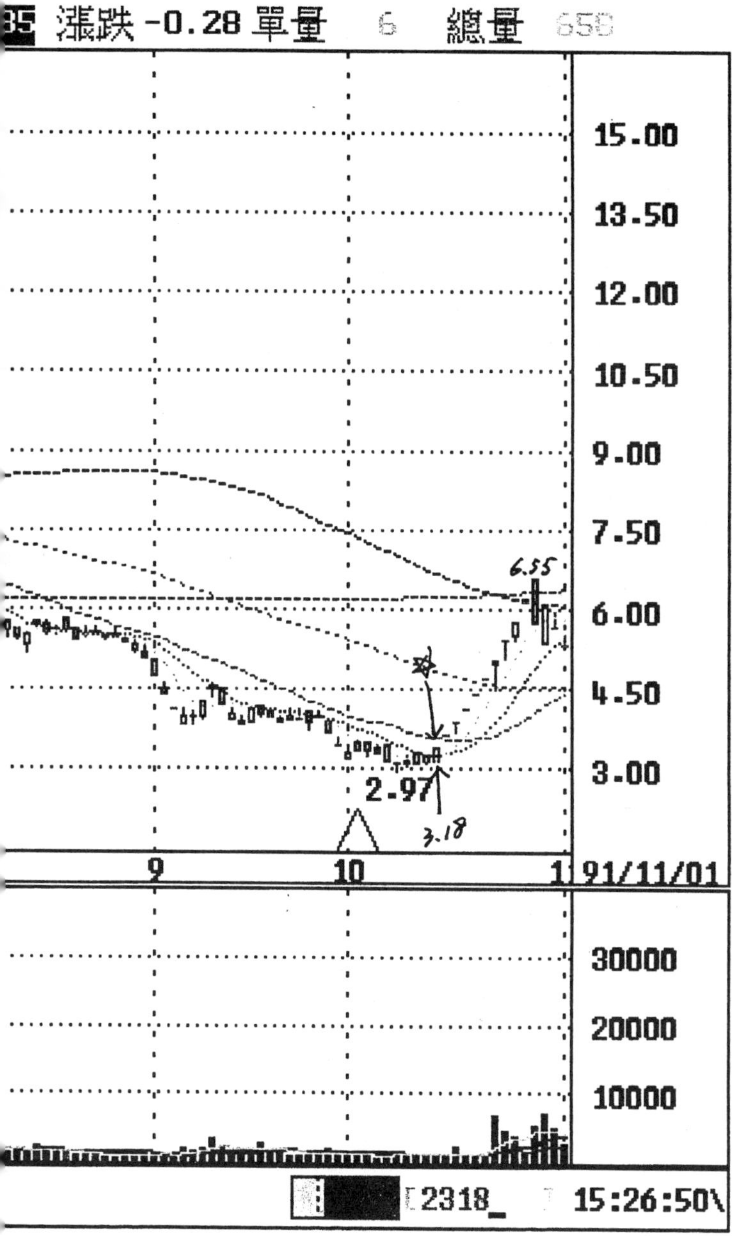

漲跌 -0.28 單量 6 總量 658
15.00
13.50
12.00
10.50
9.00
7.50
6.55
6.00
4.50
3.00
2.97
3.18
9
10
91/11/01
30000
20000
10000
2318_
15:26:50

盤從 4808 到 5460 這波反彈是怎麼形成和結束的。

請看下面圖 M 大盤日 K 線圖：

大盤自 6484 以來，共有五次比較明顯的反彈，拋開 3845 的反彈不談就以其中彈幅最大的 4808(7 月 3 日)到 5460(7 月 16 日)這波為例，好好檢視一下，主力股如何點火反彈並結束。

以清三為例

再對比一下，7 月 3 日這天，大盤與盤面上最強勢股清三當天的走勢。

請看下面圖 N 大盤與圖 O 清三 7 月 3 日以後十天的五分鐘走勢圖。

從圖 N 可以看出來，大盤一開就開低，開低後又一路急殺，9 點 20 就狂殺至 4808，盤中重挫了 187 點(昨收 4995)，面對這種盤，一般投資人早就手腳發軟，不敢進場，碰到這種極弱勢盤，想要讓大盤起死回生，就只有靠主力進場點火了！

這時清三忽然冒出頭來！

盤面最強則波段亦最強

看看圖 O 清三在 7 月 3 日的五分鐘走勢圖：

由於大盤開盤大跌，清三也順勢開出了跌停，但在行情一片低迷之中，清三早在 9 點 45 分左右時，首開跌停反彈，之後又殺至跌停，但 10 點 5 分時再打開，從此不再跌停，並開始反攻，且從此遙遙領先大盤。

請注意，清三是支業績不佳的投機股，在行情低迷時，一般人是不太敢介入的，因為它的股性極投機，稍一不慎，就有「滅頂」之虞，而在這樣的局面下，居然能展現強勢，除了主力介入之外，別無其它原因！

主力股帶動大盤

果然，在主力強力拉抬之下，大盤隨清三之勢一路反彈，終場從最多下跌 187 點上漲了 52 點，上下震幅 246 點，將近 5%，而清三也在臨收盤前十分鐘攻上並鎖死漲停。

從盤面上看，清三顯然是這波反彈點火成

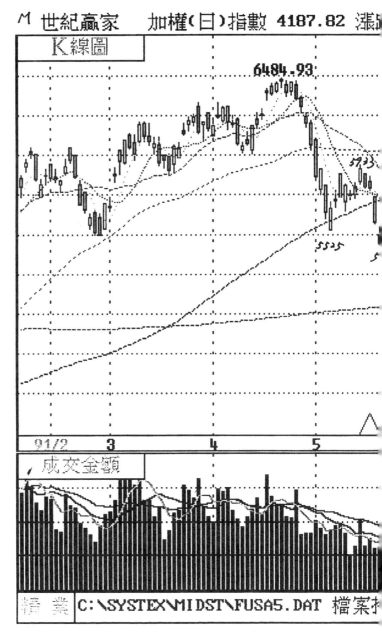

K線圖

6484.93

5733

5525

91/2　　3　　　4　　　5

成交金額

精　業　C:\SYSTEX\MIDST\FUSA5.DAT　檔案按

6500.00

6250.00

6000.00

5750.00

5500.00

5250.00

5000.00

4750.00

4500.00

5460

5030

4808

4506.60

7   8   91/08/26

1500.00

1000.00

500.00

功   WEIGT_   15:31:32\

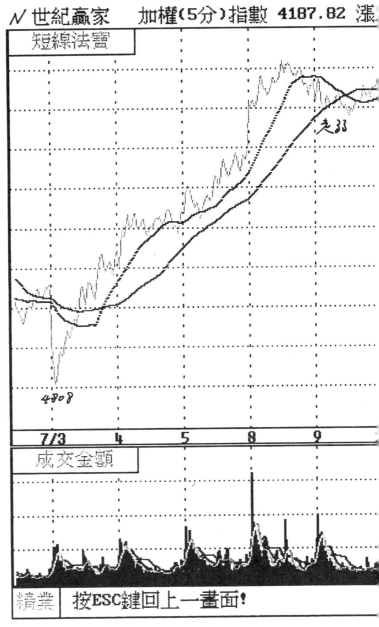

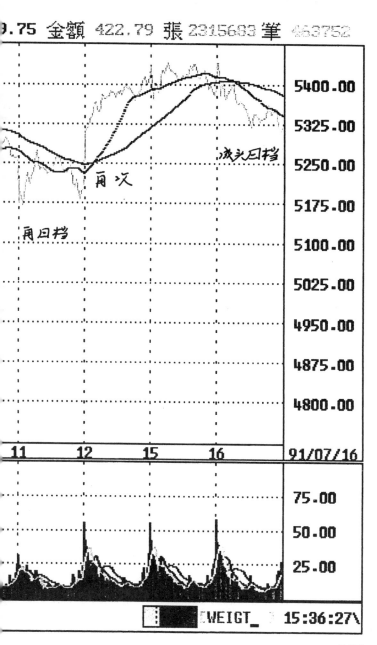

.75 金額 422.79 張 2315683 筆 463752

5400.00
5325.00
5250.00
5175.00
5100.00
5025.00
4950.00
4875.00
4800.00

成头回档
再次
再回档

11   12   15   16   91/07/16

75.00
50.00
25.00

[WEIGT_   15:36:27\

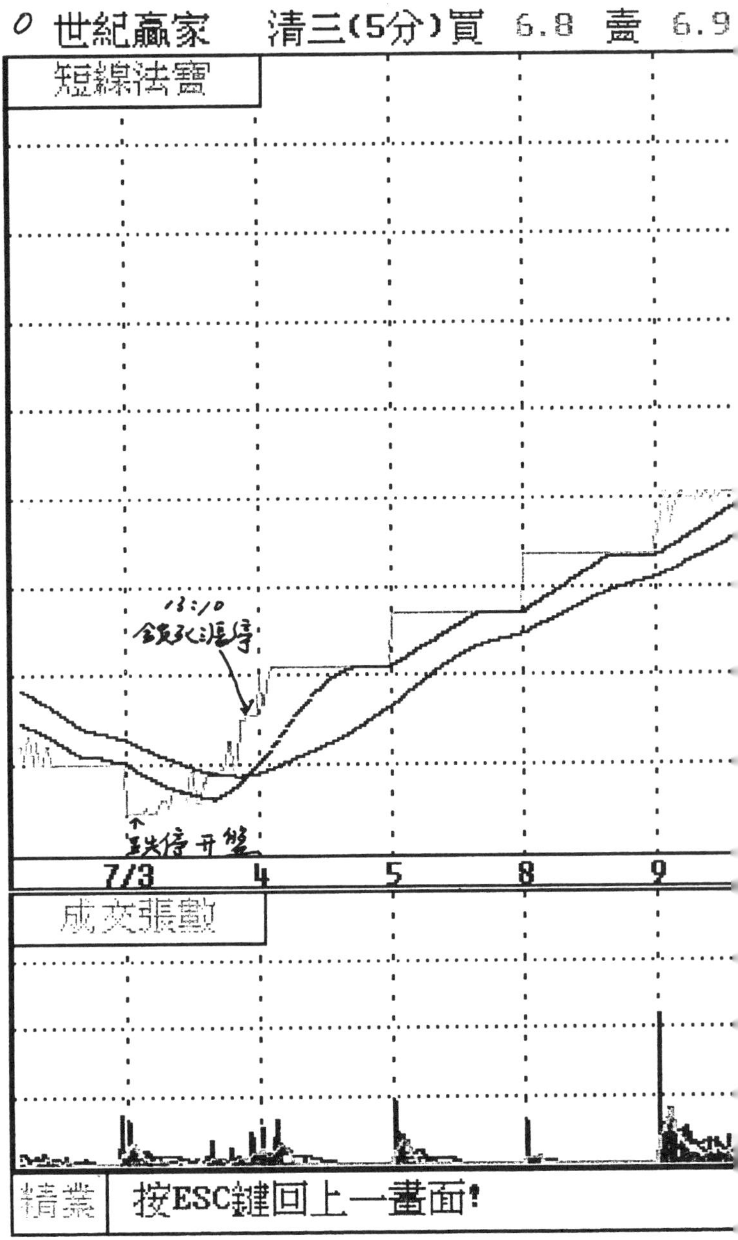

短線法寶

13:10
領先漲停

↑
跌停 开盤

| 7/3 | 4 | 5 | 8 | 9 |

成交張數

精業　按ESC鍵回上一畫面!

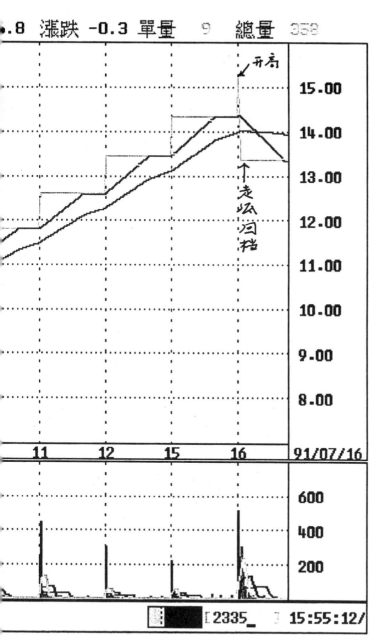

开高

走弱

回档

15.00

14.00

13.00

12.00

11.00

10.00

9.00

8.00

11　　12　　15　　16　　91/07/16

600

400

200

〔2335_　〕15:55:12/

功的功臣，因為它的上漲帶動了大盤，由大跌成小漲。

再看看 7 月 7 日以後，清三一路直攻，而大盤也順勢上揚，更可證明一點，是由清三帶領大盤，不是大盤領導清三攻擊的。最明顯的證據是 7 月 9 日到 11 日這三天，大盤出現了一天走弱，二天大拉回，但清三照樣頭都不回地攻漲停，在清三的帶動下，大盤又回頭再攻，並比照清三模式再創新高。

主力股回檔——大盤回檔

但行情在 7 月 16 日這天，終於有了變化，當天清三照例開漲停後，五分鐘內量即放大，漲停打開，且一路下滑，一路殺至跌停，終場都不再開，同樣的，當天大盤開平高後沒多久，也順勢下滑，當天收了根中黑，下跌了 75 點。

請注意，清三漲則大盤漲，清三跌則大盤跌，清三在這波反彈中，成為觀察行情多空的指標已無疑問，既如此，當清三走弱之後，當然要認定反彈結束的訊號了！

事實證明這個觀察是對的，清三自反彈高點 15.3 元之後，除了一小波反彈後，一直陷入盤跌，同樣的，大盤在清三走弱之後，也開始從反彈進入回檔(見圖 P)，只是它比清三還弱，回檔後又破底(4506)而已！

P 世紀贏家　　清三(日)買 6.8 賣 6.9

K線圖

25.50

7.00

91/2　　　3　　　4

成交金額

24.00

22.00

20.00

18.00

16.00

15.3(546◦)

14.00

12.00

10.00

8.00

7.45(480◦)

| 6 | 7 | 8 | 91/08/08 |

180.00

120.00

60.00

[2335_] 15:46:45\

第十七戰略
看價選股 b
多頭確定後的選股

多頭行情確定的現象是：

大盤的技術面由空頭排列轉成多頭排列，突破新高的個股逐一出現。

但先發者不表示後勢還能走大多頭，領先上漲者也未必能在此時持續強勢。

真正能在多頭確定後展開長線大多頭，漲幅以十倍計的個股，一定得具有下列條件：

1.成交量棒長期呈平頭狀態，而且時間越久越好，因爲這個現象代表籌碼極度安定，想賣的人都賣了，一旦介入拉抬，上檔無壓，只要買盤稍一使勁就能輕易將股價拉高。

2.前波空頭行情中，股價未曾逆勢上漲，非但如此，還要能隨勢下跌，因爲下跌，使股價讓人覺得便宜，因爲便宜，就能吸引買盤，尤其大買盤進場。

3.在多頭確定之前,不但得有上述①②現象，若還能在基本面無大變化的情況下，在最短時間內出現最大跌幅，使原本已經不貴的股

價又打了一大段折扣，這對主力而言，是個不可抗拒的大誘因，使他非大買不可。

有了上述三個條件之後，何時進場呢？

等它拉出了第一長漲停長紅時，就是最好的介入點了；爲什麼要買漲停呢？

因爲漲停是多頭表態的最重要訊號，尤其在大盤背書保證的情況下，這種漲停一出現後，股價就會一飛沖天，一去不回頭矣！

必須注意的是：

具有①②條件的個股，長紅不必然會配合巨量，這是因爲籌碼極度安定的緣故。

若是第③，原本無量或低量的情況下，忽然間量開始爆增時，不必等長紅了，趕快追進吧！道理很簡單，敢在無量暴跌個股中，以大量將跌停敲開者，一定是主力，主力進貨的目的就是拉抬，既然我們知道主力已進場了，還等什麼？當然只有市價追進一途了。

看價選股 B
多頭確定後的選股

多頭初起買盤中最強股

在前面的單元中，我們提過，在多頭初起時，先當它是反彈，迅速搶進盤面最強勢股。然而，當行情由技術小反彈變波段行情甚至反轉時，先前大漲的強勢股也未必能強漲不休，一段大漲後，也得進入盤整，而之前的次強股呢？恐怕會比最強股提早進入休整狀態，即使大盤持續攻堅，這些股也未必能再領先大盤攻擊，這時候，該怎麼選股呢？

潛在大漲股

就歷史經驗來看，通常具備下列條件者很有可能成為新的強勢股：

1.前波空頭行情中，跌幅最大者。
2.大盤止跌反彈後，大家都彈它沒彈，不但沒彈，反而還持續下跌者。

買巨量長紅

仔細盯緊這種股，不必急著進場，以免中途被套，而盡可能買到低點最好的方法，就是第一根漲停長紅，因為這時候買長紅在趨勢判斷及操作上有二個好處：

①至少證明它短線已不再跌，在大盤走多的保護下，它向上走的可能性大於向下。

②就算這根長紅只是個股跌深的反彈，甚至只是一日行情，但多空之間也會有依據，若是從此走多，它第二天會開高走高，等於買到底部起漲區，若是一日行情呢？則會開高走低，或開平走低甚至開低走低。基於此，第二天決不允許出現平盤以下價格，一旦出現就是

一日行情，股價還會有更低，不妨先認小賠殺，再等下一個長紅得了！

　　話說回來，具備上述條件的個股並不保證大漲，但不具備這種條件，或相反者，保證漲不了(意思是不會是最強勢股，因為多頭市場中，大家都會漲，只是漲多漲少而已)，而漲不了的現象就是：不會出現連續性的長紅。

若是準下市股不會有長紅

　　說到這裏，也許有人會問，大盤上漲它不漲的個股，不是表示它的基本面出問題了嗎？萬一買進後，又大跌特跌，豈不是飛蛾撲火，自找死路嗎？

　　請看下面圖Ａ久津日Ｋ線圖：

　　久津自 92 年 3 月 5 日出事爆跌以來，之後的每個營業天，股價連連收跌停，歷經幾度腰斬，其連續性跌幅可能創下股市紀錄，之所以如此，最主要的原因是，它有下市之虞，所以，儘管在下跌過程中，大盤雖仍處於空頭格局中，但並非一路爆跌(參看圖 Ｂ 大盤日圖)，在正常情況下，股價跌的這麼深，這麼慘，中

間至少會有個反彈，但在可能下市的陰影下，儘管市場上不乏擁資數十億的大主力，有足夠實力將跌停敲開，在上檔無壓(下跌過程中成交量極低，幾乎呈無量狀)的技術面下，輕易地拉個十來根漲停，但就是沒人願，沒人敢去碰這個燙手山芋！

久津的例子印證了一點，若真是公司出了嚴重問題，它就會在大盤走多時持續下跌，且不容出現長紅，這也是我們建議不見長紅不買的原因！

除此之外，要破解這個迷思，必須先談一下股價的多空循環。

短線看籌碼長線看基本面

股價之所以會有多空循環，是因為大環境以及個股的基本面有好壞、上下的起伏。短線的漲跌可能在籌碼面，但中長線的漲跌則在於基本面。當然短線籌碼面的優勢也有可能是因基本面的優勢而來，總歸一點，若是因為基本面的優勢而導致籌碼面的優勢，則這個漲勢就會變成中長線，不但漲勢兇猛，漲幅大，漲期

K線圖

91/11　　　　　　12　　　　　　92/1

成交張數

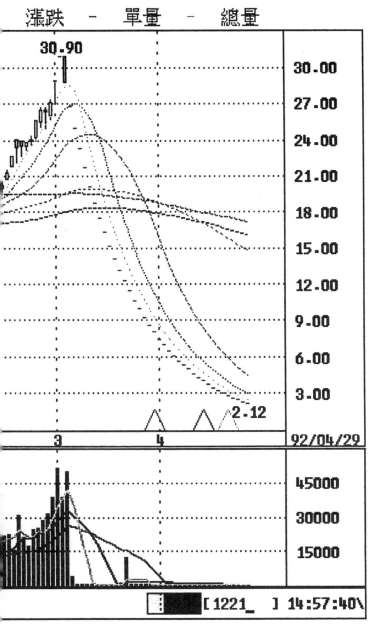

漲跌 － 單量 － 總量

30.90

30.00

27.00

24.00

21.00

18.00

15.00

12.00

9.00

6.00

3.00

2.12

3　　　4　　　92/04/29

45000

30000

15000

【 1221_ 】 14:57:40\

5000.00

(4475)
30.9

(4677)
3.48

4800.00

4600.00

4400.00

4200.00

4000.00

3.21
(4044)

3   4   92/04/30

1200.00

800.00

400.00

成功   [WEIGT_] 15:02:30\

也會長久。

上面所談的是從多頭角度思考，現在不妨從空頭角度來看。

若是基本面不佳，自然籌碼面也不會太好，因為買盤不會進場，尤其是有能力影響股價的大戶更會縮腳，這一來股價當然漲不了，甚至還會下跌呢！

股價先基本面反映

更重要的一點是，這些現象都會提前反應，也就是說，當基本面在跌到最谷底之前，就會事先反應，而不是等到它已經確定走下坡時，才會從最高檔回跌，這也是大盤由大多頭逐漸走向空頭之時，景氣依然看好，市場上的多頭還在奮戰之日，股價卻開始力不從心，利多不漲，利空則跌，然後逐步下滑，在大多數投資人不知不覺中，均線慢慢地逐一跌破、下彎，並由大多頭轉成空頭排列的原因，而也就在此時，市場上才逐漸傳出來，基本面已沒那麼好的聲音，對投資人而言，為時已晚矣！

上面談的是股價尤其是大盤多空循環基本

原則，現在更具體一點，談談個股股價的多空循環。

　　簡單來說，個股股價的漲跌也和大盤一樣，決定在其基本面，而表現基本面好壞最佳數據就在於其 EPS。

　　假設某股今年初就確定會大賺 5 元，若是前一年還小賠，若是之前股價沒啥漲過，則在轉機特性下，它就會大漲特漲，就算漲幅滿足之後，也未必會大跌(假設大盤不差)，很可能就在高檔盤旋，如果到了年底，忽然又知道，明年將可能只賺 2 元，盡管明年沒到，但股價很可能就會大幅拉回，為什麼？因為股價有事先反應的特性！

股價走長空是基本面作怪

　　同樣的道理，一支長期走空大跌特跌的個股，股價之所以會跌，一定是因為基本面不好的緣故；假設去年由原本賺 1 元變成賠 3 元，則股價必然會大跌，若今年不但賠，而且越賠越慘，成了賠 4 元時，因為基本面越來越壞，則其跌勢就不會止。

然而，若是去年賠 4 元，今年只賠 2 元時，則股價雖漲不了，但跌勢應不會像去年那麼猛了，如果是去年賠 4 元，今年不但不賠，而且有可能打平，甚至還能小賺個幾毛時，則機會就來了，這時候，它就有可能把以前大跌的股價要回一大把來！

　　現在不妨來看二個實際的例子：

　　一個是因基本面由最高峰下滑，即使還在賺錢，導致原本大漲的股價卻大幅下滑的例子——禾伸堂。與另一個基本面由極差轉趨不差，再由虧盈的例子——燁隆。

　　先看第一個例子禾伸堂。

　　請看下面圖 C 禾伸堂日 K 線圖：

基本面大好股價狂飆

　　禾伸堂是於 89 年 1 月 13 日以 72 元上市的。

　　請看圖中，從初上市的 91 年 1 月初到 4 月這種空前剽悍的走勢，第一波連拉了 27 根漲停，從 72 元狂飆至 423 元，大漲了 487%，小休整二天，又從 373 元漲至 634 元，小回五、

六天，又從 490 元漲至 999 元，三個月內，狂漲了 1287%，同時間內的大盤也不過從 9095 漲至 10149(89 年 1 月 13 日至 4 月 12 日)，漲幅不過 11.5%，是股市新上市股蜜月期少有的紀錄，除了拜大盤當時還走多頭行情之賜外，最重要的原因是，當年(89 年)禾伸堂的 EPS 破紀錄地高達 17.5 元(請看圖 D)：

基本面反應滿足股價大跌

奇怪的是，當天最高價 999 元出現之後，禾伸堂就像洩了汽的皮球一樣，一路狂跌！

請看下面圖 E 禾伸堂週 K 線圖：

禾伸堂的歷史天價出現於 89 年 4 月 12 日，當時指數為 10149，但到了 90 年 1 月 2 日，已重挫至 103.5 元，跌幅達 89.6%，而大盤不過跌至 4678，跌幅 53.9%，別以為禾伸堂只比大盤多跌了 35.7%而已，應該這麼說，大盤不過腰斬了一次，但禾伸堂則是腰斬三次多，最慘的時候，還曾跌至 38.5 元，離天價的半成都不到呢！

不僅如此，從此以後，禾伸堂雄風不再，

K線圖

999.00

624

433

373

290

77.00

89/1　　　2　　　　3　　　　4

成交張數

精業　C:\SYSTEX\MIDST\EMGBROKE.NAM 檔

.4 漲跌 -1.1 單量 1 總量 467
1000.00
900.00
800.00
700.00
600.00
500.00
400.00
300.00
200.00
100.00
6
7
89/07/26
2250
1500
750
成功
[3026_] 15:13:24\

D 〔禾伸堂〕

年度	期末股本（百萬元）	營業收入（百萬元）	每股（元
87	300	1,082	36.:
88	367	1,716	46.*
89	562	3,786	67.*
90	1,125	3,671	32.*
91	1,280	4,904	38.:
92公司估	1,401	5,665	40.*
92財訊估			

橋　業｜本畫面資料由本公司自行統計，僅

營運狀況　　　　　[本頁]

利元）	每股（元）	稅後純益（百萬元）	每股（元）	每股淨值
1	2.71	63	2.09	13.13
8	5.39	181	4.94	15.63
3	17.50	799	14.23	44.30
8	2.73	265	2.36	23.08
7	3.89	386	3.01	22.56
3	3.73	423	3.02	

92/05/01 15:19:59

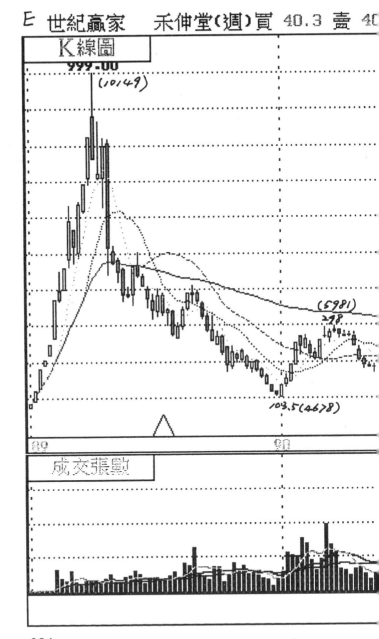

	1000.00
	900.00
	800.00
	700.00
	600.00
	500.00
	400.00
	300.00
	200.00
	100.00

(5651)
47

38.50

3618)　　　91　　　　　91/10/18

| 22500 |
| 15000 |
| 7500 |

[3026_　] 15:25:11/

盡管股價也曾隨大盤之勢反彈，但反彈總呈相對弱勢，而且高點愈來愈低，低點也越來越低，從週線上看，已經走了將近三年的大空頭了！

為什麼會這樣？

回頭看看圖D就知道了！

反應過頭重新調整

89年上市之所以能大漲，是因為當年 EPS 高達 17.5 元，但第二年即巨幅下跌至 2.73 元，請注意，這是 90 年的 EPS，但股價為何從 89 年 4 月就開始跌？除了大盤回檔走空之外，就是因為提前反應的緣故！

91 年雖比 90 年稍有起色，但一來大盤不佳，二來是因為 89 年的反應過於強烈，現在則是進入緩和當年漲勢過猛的股價，何況，現在的四、五十元股價，以其 91 年的 EPS 而言，相對於其它同樣 EPS 的個股也不低啊！

然而，這些基本面的變化，先前一般投資人可能不大清楚，但在技術面上，它終究要顯示出其基本面的真相來，這也是許多人在不明

真相，而又先入為主的觀念下，認定禾伸堂是支績優股，因而在高檔或中途介入慘遭套牢的原因，因為他們不知道，它雖仍績優，但「績優高峰」已經一去不復返，而股價走勢的特性是反應未來而非過去。

跌過頭的股價也會補回來

從禾伸堂的例子反向思考，一支基本面再差的個股，只要沒有下市之虞，對於其績劣的股價反應，總會有反應結束的一天(如同對績優的反應)，而其反應結束之時，也就是谷底已到之日，既然谷底已到，就表示它不會再壞了，盡管還在賠錢，但股價卻能因此上漲。

說了這麼多，主要的目的就是一點——只要能清楚了解股價多空循環的基本原則，就能破除對大跌股的恐懼心理！

如何操作狂跌股

然而，介入這種大跌股，也得等適當時機，先鎖定目標，然後等，等什麼？等它的第

一根漲停長紅，只要一看到漲停(不只是盤中，收盤還得漲停鎖死)，就應毫不猶豫的立刻搶進！

講到這裏，要特別說明二點：

第一點：操作這種後發制人股最重要的先決條件就是——大盤一定要處在持續多頭行情中。

沒有多頭行情就沒有大漲股

就算大盤正處於多頭格局中的技術性拉回，也一定要能符合二個條件才行：

①拉回不破底。

②技術面仍處多頭排列。

之所以如此，是因為只有在大盤走多的保護下，個股才能有大幅飆升的空間。舉一反三，若大盤仍處空頭走勢時，上述這種股，即使拉出漲停長紅，也應以反彈視之，因為缺乏大盤走多的保護，個股想飆升，難上加難。萬一一根長紅之後又下跌，恐怕跑都跑不掉，尤其上述股大都是基本面不是很好的個股，一旦跌起來，根本不知底在哪裏，一旦被套，何時

翻身？沒人知道。

　　但若有大盤保護，則情況就不一樣了，加上之前大多個股都大漲，大家有樣學樣，一旦真漲起來，會漲到哪裏？更沒人知道，但可以知道，其漲幅肯定以倍計算；歷史經驗還顯示了一點，每次的多頭行情中，漲勢最猛，漲幅最大者，一定是這種曾經基本面不佳因而暴跌的問題股。

只買鎖死的漲停

　　第二點：一定要拉出鎖死漲停時，才宜介入。

　　這是我們在本文中第二度強調一定要買長紅！因為長紅對這種股的後市極為重要，除了上述的原因之外，還有三個重要的理由：

　　①漲停鎖死是多頭表現極短線強勢的最高境界，可藉此觀察多頭反攻的企圖心。

　　②這些重跌股，股價通常極低，且因曾重挫，重挫中途成交量一定低，上檔較無壓力，理論上拉抬容易。

　　更重要的一點是：若是具備這樣的條件(大

盤好、股價曾大跌價格極低、上檔無壓)都攻不上漲停，則其後市另人存疑，低點之後恐有更低，既如此，則不宜介入。

③有了長紅之後，就有了較明確的多空指標，如果此後一路走高，就表示多頭玩真的，當然持股續抱，若長紅之後一、二天又走得有氣沒力的，就表示只是反彈而已，應趕快下車，還好由於有一根長紅支撐著，至少隔天還應會有好價格出手，不會火速下跌，而有充裕的出場空間。

現在回到正題，不妨請看燁隆這個實例：

請看下面圖F燁隆週K線圖：

燁隆的天價是81年3月的58.5元，但這個價位太遠了，不妨把時空向後拉，先看看89年2月18日，大盤指數在10393時，燁隆的價位大約是14.5元。同年11月22日，指數壓回至4760時，燁隆已重挫至1.53元，幾乎打了一折。90年2月16日，當指數從6198跌至9月26日的3411時，燁隆又從3.83元大幅挫至1.2元。

3411之後，大盤展開反彈，至12月5日

時，已彈至 4968，但燁隆卻又從 1.2 元下挫至 0.36 元。

　　燁隆這三波的下跌實在驚人，每次跌幅都只能用腰斬來形容，只是腰斬幾次而已！若是以圖中最高的 14.5 元至最低的 0.36 元計算，總跌幅是 97.5%(14.5－03.6÷14.5＝0.975)，再換個角度看，最低價只有最高價的四十分之一(14.5÷0.36＝40.2)。

　　實在太恐怖了！

超跌就會超漲

　　之所以如此，是因為反應其基本面的面相，但賺大錢的公司不會永遠大賺錢，反之亦然，大賠錢的公司也不會永遠大賠錢，只要公司不下市，就永遠會有機會！

　　比較特別的是，90 年 9 月 26 日，當大盤在 3411 落底之後，燁隆還從當天的 1.16 元一直大跌至 12 月 5 日的 0.36 元。別小看這 0.8 元，它可是 0.36 元的 2.22 倍，而從 9 月 26 日的 3411 到 12 月 5 日時，大盤已上攻至 4968(當天最高)，漲幅達 45.6%(4968－3411÷1557=45.6%)，

這一來一回就是 266%左右，這個現象顯示燁隆已經超跌又超跌了！

　　請注意，在 12 月 5 日之前幾天，大盤已經由完全空頭排列形成完全多頭排列矣！

是後發不是不發

　　在大盤走完全多頭排列的保護傘下，一支原本基本面不佳的個股，只要它的前景不會更壞，它就隨時有機會反應，而這個反應不反則已，一反應就會大飆特飆！

　　為什麼？

　　因為大盤漲時它沒漲反跌(而它其實已經不該再跌了)，這一來是不是要把之前超跌的部份反應回來呢？當然是，而唯一的訊號就是等它的第一根漲停長紅出現(超跌股的長紅不必巨量，因為股價一超跌，量必大幅萎縮，量一萎縮，上檔壓力就輕，上檔壓力輕，買盤稍一使勁，價就應聲上揚矣！)，只要長紅出現，則機會就來了，這時候不必想太多，火速搶進就對了！

大盤不止個股不死

　　這時候，最要緊的除了盯緊這種股之外就是注意大盤，只要大盤不死，這種個股就會有機會，而且，只要它的技術面能由空轉多，再配合大盤的多頭趨勢面，死抱著就對了，只要大盤不死，它的漲勢就不會止，抑有進者，若是它的基本面有較大的改善，則它還能在一定時間內擺脫已成頭的大盤持續其多頭走勢呢！

　　請看下面圖 G 燁隆日 K 線圖：

　　大盤在 3411 落底後，應聲領先上漲的強勢股揚智與南方之所以能成為多頭急先鋒，是因為它們在 3411 之前都曾經急跌一大段的緣故，但燁隆則不然，跌是跌了，但跌得不夠乾脆，也不夠深，這點，從日 K 線圖上就可看出來，K 線紅黑交錯，還頻頻留下上下影線，顯示其籌碼並不安定。

　　不僅如此，大盤在 3411 落底後，揚智與南方都還又連殺了幾根長黑後，才與大盤同時並領先其它個股反彈，因而造就了其日後的強勢。

K線圖

(11430)
1.78

1.15☆

1.09

0.9☆

0.84

0.

90/9　　　10　　　11　　　12

成交張數

精業　C:\SYSTEX\MIDST\MSTOCK.NAM 檔案

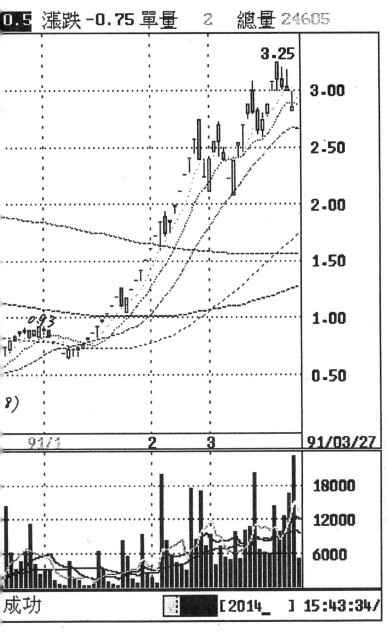

0.5 漲跌 -0.75 單量　2　總量 24605

3.25

3.00

2.50

2.00

1.50

0.93

1.00

0.50

8)

91/1　2　3　91/03/27

18000

12000

6000

成功　[2014_] 15:43:34/

反觀燁隆，3411 之後，股價並沒再跌，反而進入橫盤，所以，當大家都起漲後，它還是原地不動。

　　3411 之後，大盤開始於 10 月 9 日起正式翻多，指數愈走愈高，個股也跟著雞犬升天，但10 月下旬後，燁隆卻脫離了橫盤，展開另一段跌勢，一直到 12 月 5 日才在 0.36 元處止跌反轉，而這時，指數已攻至 4968，漲幅已高達45.6%矣！

長紅之後必須連續紅

　　當大盤由空翻多，且一路走高多頭格局越來越明顯時，個股的第一根漲停長紅，都是多頭展開攻擊的初步訊號，但有一點，長紅必須是連續性的，否則就只是反彈，如果長紅之後有氣沒力的，就應該立刻拔檔，或認小賠換股，在多頭市場中，強勢股多的是，不必和這種只有反彈行情的弱勢股耗。

　　以 3411 之後的燁隆而言，0.36 元之前，曾出現過二次漲停長紅，但第二天走勢即轉弱，若認賠殺，都只不過賠一個停板而已，但可避

免另一段大跌，以 0.9 元(見圖★處)這根長紅而言，當天以 0.9 元漲停價買進，第二天以跌停價 0.84 認小賠殺，雖賠了根停板，但卻避開了 0.84 到 0.36 的這段大跌，別以為只有 0.48 元，這可是個大腰斬的跌幅！

不會每根長紅都騙人

　　然而，只要大盤持續走多，個股只要沒有下市之虞，就會有機會，而且就算之前的反彈長紅會騙人，但不會永遠騙人，總有一次會是玩真的！

　　90 年 12 月 5 日那天，燁隆依往例又開出跌停，但終場卻以 0.4 元收漲停，短線多頭訊號再現，當然再進場，雖然第二天開漲停後又殺至平盤以下，但收盤又漲停，依破平盤殺出，但收盤漲停再接回的原則，就算操作上又有小損失，但幾天後就連本帶利加倍要回了！

　　因為 0.36 的這根漲停的長紅已是玩真的，20 個營業日內，從 0.36 元狂飆至 0.93 元，漲幅高達 158%，全部共 15 根漲停，回報率驚人極了！

然而，之前從的狂跌、大跌，所積蓄的動能，一旦引爆，就不會一下子宣洩完畢，事實證明，0.36 到 0.93 這個波看似兇悍的漲勢，相對於其後勢而言，不過是個開胃小菜而已！因為其後續效應還在發酵之中呢！

　　請看下面圖 H 燁隆日 K 線圖：

　　自 0.93 元回檔起，六天後殺到 0.65 元後，攻勢又再起，二個多月內，又狂飆至 3.25 元，漲幅更甚第一波的 158%，高達 400%，恐怖極了！

　　再看看同一時間內，大盤不過從 5915 漲至 6080，漲幅僅 2.7%而已，燁隆之強，尤此可見！

　　但這還沒完，當大盤於 91 年 4 月 22 日 6484 成頭反轉，到 6 月 13 日回跌至 5580，跌幅 13.9%時，燁隆又但不跌，反而又從 2.99 元大漲至 7.7 元，漲幅高達 157%，但這還沒完，經過半年多的強勢整理後，又從 92 年 1 月 2 日的 6.45 元大漲至 2 月 7 日的 18 元，一個月不到的時間內，漲幅幾達 200%，其氣勢之強，高居所有上市上櫃股的第一名。

燁隆為何能有這麼強勢的演出？

除了自 88 年 2 月，從 14.5 元以來到 0.36 元這波空前大暴跌之外(請看圖 F 燁隆週 K 線圖)，最重要的一點是：

它最壞的局面已經過去了(至少在 0.36 元以前)，證據如下：

基本面反映技術面

請看圖 I 燁隆「最近幾年營運狀況」：

圖中顯示，從，87 年—1.36 元，88 年—0.27 元，89 年—1.6 元，90 年—2.11 元，可說年年賠錢，但 91 年可就不一樣了，由虧轉盈，賺了 1.52 元，而這還只是 91 年 11 月初的資料呢！

再請看圖 J 燁隆月線圖：

把每年股價走勢和 EPS 做一番對比，就可知道，燁隆為何一連 5 年(86~90)一直跌跌不休了！因為它每年持續賠錢，而且賠得多的，股價跌幅就深。請注意 86 到 87 與 89 到 90 這二個低潮，由於連續二年大賠，第一個低潮，股價從最高的 26.2 元大跌至 5.85 元，跌幅

K線圖

7.7

-47

91/6　　　　7　　　　8　　　　9

成交張數

漲跌 -0.75 單量　2　總量 24635

Ｉ（燁　隆）

年度	期末股本（百萬元）	營業收入（百萬元）	每股（元
87	7,943	15,767	19.
88	7,943	17,230	21.
89	11,443	20,322	17.
90	11,443	17,487	15.
91	11,443	23,240	20.
92公司估	11,443		
92財訊估			

精　業　本畫面資料由本公司自行統計,僅

年營運狀況　　　　　　　　〔 4/11頁〕

盈利 (元)	每股 (元)	稅後純益 (百萬元)	每股 (元)	每股 淨值
)81	-1.36	-1,088	-1.37	11.84
:15	-0.27	-215	-0.27	11.74
{29	-1.60	-1,829	-1.60	9.56
118	-2.11	-2,496	-2.18	7.38
'43	1.52	1,968	1.72	9.17

92/05/01 16:28:49

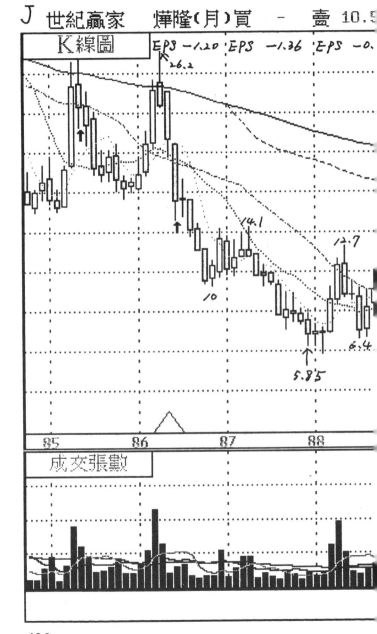

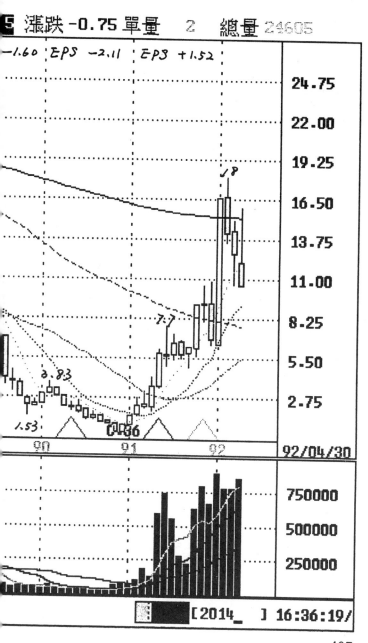

-1.60　EPS -2.11　EPS +1.52

24.75

22.00

19.25

16.50

13.75

11.00

8.25

5.50

2.75

92/04/30

750000

500000

250000

[2014_　] 16:36:19/

77.6%，第二個低潮更慘，從 15 元大跌至 0.36 元，跌幅 97.6%，而 88 年的跌勢之所以較緩些，是因為當年只賠了 0.27 元的緣故。

轉機股最具派相

而 91 年之所以能從 0.36 元暴漲至 9.25 元(而且漲勢未歇)，漲幅 24.6 倍，是因為上半年的稅後純益高達 0.6 元，91 年 11 月時已達 1.75 元值得注意的是，這個由虧轉盈的消息，一直到 91 年 8 月才公開出來(請看圖 K)，而燁隆從 0.36 到 7.7 元的這個高峰卻是 91 年 6 月 13 日就已經完成了，問題是，當它從 0.36 元起漲時，一般人並不知道，91 年是它的由虧轉盈年，而之所以能在結果未實現之前就開漲？是因為股價走勢通常具有提前反應的特性的緣故。

空頭行情中的相對強勢股

以燁隆這個例子為訓，可以破解我們對於行情走空，而呈相對強勢個股的迷思。

請注意：當大盤在跌而不跌，尤其是大盤

反彈前沒有急跌的個股，往往讓人誤以為這才是強勢，一旦大盤止穩反彈時，這種相對強勢股也將領先反彈，歷史證明了一點，這種股不但不會領先大盤上漲，反而會頓兵不前，最主要的一點是——因為之前沒跌，讓人覺得它的股價太貴，使買盤卻步，沒有買盤介入，股價當然不易上漲！

違反個股與大盤互動倫理者不漲

請看下面圖L兆豐金日K線圖：

大盤在91年4月22日攻至6484成頭回檔後，到6月20日時，已回檔至5445，回幅千餘點，幅度為16%；同一時間內，兆豐金卻反向從23.2元上漲至24.6元，漲幅為6%，非但如此，當時的大盤，除了240日線還上揚之外，其餘5條均線已全下彎，幾乎呈全空排列，但此時兆豐金卻是全多排列，技術面強勢極了！

問題是，這種與大盤走勢背離的結果，卻是個不折不扣的多頭陷阱，讓人誤以為這是不與大盤一起下跌的相對強勢股，當大盤出現止

K

| 燁隆 | 2014 | 買進 | 5.90賣出 | 5.95 |

（燁　隆）　　　　　　　　　　　　新

日　期　　　　　　　　　　　　　　重
10/07　營收快報：燁隆9月營收為24億
09/30　盈餘快報：燁隆（2014）初估前
09/27　個股訊息：燁隆10月熱軋鋼捲
09/26　個股訊息：燁隆10月內銷盤價
09/10　盈餘快報：燁隆8月獲利3億元
09/05　營收快報：燁隆8月營收21.9億
08/28　個股訊息：燁隆熱軋、冷軋等
08/16　盈餘快報：燁隆初估1～7月稅
08/06　營收盈餘快報：燁隆7月營收18

311　14:15　財訊　亞洲股市：今（14）日
312　14:15　財訊　亞洲匯市：今（14）日
313　14:15　財訊　美股電子盤：今（14）日
318　14:57　財訊　外資：今（14）日外資
319　14:57　財訊　投信：今（14）日投信
320　14:57　財訊　自營商：今（14）日全體
321　14:57　財訊　財務預測：竟誠調降9

| 精　業 | 本畫面資料由本公司自行統計， |

410

閣

元，較去年同期成長111.18%

盈餘15億元，每股稅前 盈餘1.31元

調漲500元

漲500元

新高，1～8月稅前 EPS 1.05元

於市場預期，1～8月營收146.57億元

月份起每公噸調漲500元

9億元，稅前 EPS 0.77元

，較6月減少16.24%，1～7月稅前 EPS0.73元

目前指數

目前報價

指電子盤最新報價

9億元

億元

買超0.53億元

，稅前盈餘由3,522萬元降為226萬元

23.75

22.50

21.25

20.00

18.75

17.50

17.8(4506)

16.25

18.5
(5030)

15.00

13.95 ···· 13.75

8   9   10   91/10/22

120000

80000

40000

成功   [2886_] 16:45:27\

跌反彈時，也將是領先大盤上漲的多頭先鋒！

事實呢？

看兆豐金的日K線圖就知道了！

91年7月初，大盤有波從4808到5460的反彈，彈幅13.5%，但兆豐金不過從22.6元「走」到22.9元，只小漲了0.3元，漲幅1.3%，還不到大盤的一成。

八月初，大盤又有一波從4506到5030的反彈，彈幅11.6%，兆豐金呢？只從17.8「走」到18.5元，彈幅3.9%，還是遠低於大盤，非但如此，其「反彈」過程還走的跌跌撞撞的，不但讓人賺不到錢，反而很容易讓人賠錢！

總而言之，言而總之，價格急跌、大跌之所以能使籌碼安定，最主要的原因是，價格變便宜了，因而吸引買盤進場，尤其是大買盤(也就是俗稱的主力)，有了大買盤捧場，股價還能不漲嗎？而我們所說的「籌碼安定」的意義，最重要的一點，就是檢視籌碼是落到一般投資人(也就是俗稱的散戶)還是主力手中？

當籌碼落入散戶手中時，股價就不會漲，

道理很簡單，顧名思義就知道了，因為散戶就是「一盤散沙」之戶，一堆散沙，哪怕再多都沒用，因為沒有組織，意志不一，節奏凌亂，力量就小，股票到了這種人手中，股價當然漲不起來了！

　　反之則不然，當股價一跌再跌，跌得很離譜的時候(先決條件當然是不會有下市危機)，就一定會被主力看上，當一支個股被主力看上，且大舉進場時，股票還會不漲嗎？尤其當這支個股已經跌過頭，且業績已經由虧轉盈，基本面大逆轉之餘，不狂飆特飆才有鬼呢！

第十八戰略
看價選股 c 多頭結束
後的空頭選股

當一路走揚的行情開始出現上揚時不穿頭，回檔時則破底——尤其第二度破底時，則九成以上是多頭結束，空頭行情來矣！

既然行情走空，當然要選一些空頭股放空，此時，有三種現象的個股是最好的選擇：

1.領先大盤成頭的弱勢股：

大盤行情還沒走完，但個股不但不能穿頭，反而逐步走低，甚至先破底時，盯著它！因為它的頭部已成立了，一旦大盤確定走空，就放它的空；這種股，在大盤還走揚時它就先走弱，一旦大盤走空，就會帶頭跌，在大盤走空的背書之下，站這種股的空方，不但安全，且可穩當獲利。

2.反彈行情的弱勢股：

大盤初走空時，若沒能空在高點，不妨等待行情回跌後，盯住回跌後行情反彈時的弱勢股；事實上，就好像多頭行情中會有拉回般，即使在空頭行情中，也不會一路只跌不漲，中

途還是會出現反彈；當大盤反彈，大家都跟著彈時，不隨大盤反彈者就是弱勢股，伺機放它的空準沒錯！

3.領先大盤成頭的狂飆股！

大盤初起時，曾展開狂飆走勢，漲幅以倍數論，當大盤正式走多後時，不但不再強勢，反而呈相對弱勢的個股，表示買力已衰竭，之所以還沒立刻大跌，是因為被仍呈多頭走勢的大盤撐住的緣故，一旦大盤確定由多轉空，這種股跌起來就沒完沒了，不空它還空誰？

4.逆勢飆升股

大盤已進入空頭，一路跌跌跌，而居然還有個股展現強勢，甚至無量飆升，連連拉漲停時，鎖定它，一旦爆量且不能再收漲停時，就大膽空它吧！因為在空頭行情中，飆股只會有一波而已，一旦不再強勢，就跌定了！

看價選股 C
多頭結束後的空頭選股

柿子檢軟的捏

當多頭行情開始出現不再穿頭，反而向下破底時，有六成以上的機率表示多方即將轉弱，空方勢力抬頭，這時候當然要站在空方操作，而第一個最安全的選股原則就是先找「軟柿子」：

壹：領先大盤做頭的弱勢股

大盤還在往「北走」，個股不但不順著大盤的方向領先前進，反而頓兵不前，甚至先

「南下」，就表示這種股的多頭力道很虛，力道虛則籌碼混亂，籌碼亂就表示沒有主力，大多是一票散戶在裏面互相砍殺，由於意志不一，力量不集中，當然漲不上去，這一來頭部就會慢慢形成，而頭部提前出現的結果，技術面一定弱於大盤，當大盤還在全多排列時，它很可能已經跌破 5/10/20 三條短均線，呈短空排列。而之所以不大跌，是因為大盤還在走多把它撐住了，一旦大盤走空確立，這種領先做頭股就會應聲下跌，若能伺機放空，只要大盤不翻多(大盤趨勢一旦確立就不會很快地改變)，這種股就會穩定地向下走，讓你輕鬆獲利。

請看下面圖 A 友達日 K 線圖：

大盤於 91 年 4 月 22 日攻到 6484 波段高點時，當天友達最高價為 54.5 元，而其波段高點卻早在 2 月 19 日(當日大盤最高指數為 6000 點)的 62.5 元就出現了！

大盤破底最佳空點時

6484 出現後，相信當天沒幾個人知道這是個波段滿足點了，而其真正轉空的訊號則是，5

K線圖

62.50 (6000)

25.60

91/1　　　　　2　　　3

成交張數

財訊433 投信：週三(30日)投信法人機構

60.00

7.5

54.5(6484)

56.00

53(5855)

52.00

48.00

44.00

40.00

36.00

32.00

28.00

5   6   7   91/07/05

180000

120000

60000

3,999萬元   ::2409_   16:00:49/

月 2 日當天指數第一次破了 6484 之前第一個低點 6009(參看圖 B 大盤日 K 線圖)，當天收盤為 5855。此後的交易日裏，任何盤中的高價都是好空點，因為這個空點有極強大的空頭保護傘，被軋空的可能性微乎其微：

①5 月 2 日當天，5/10/20/60 日線不但跌破，而且下彎，這些短中走空的均線就會提供空頭強大的保護傘。

②可以友達上檔二個波段高點 57.5 與 62.5 元做為萬一被軋的停損點，但這個機率不大，因為上檔套牢籌碼極多，多頭早不攻晚不攻，更不可能在大盤走空後反攻，所以，根本可以不必怕它。

③大盤空頭初確立時，因為多頭還沒完全撤退，所以不會走暴跌，而是盤跌、緩跌，將短空的技術面逐漸導向完全空頭，在技術面愈走愈弱的壓力下，多頭的力道將會越來越弱，所以，即使短期內行情不會大跌，但中長線一定會有很大的調整空間，盡管抱著空單靜待獲利就行了！

上面的例子，可以給我們一個靈感——大

盤未成頭就先成頭的個股，可以列為空頭優選股，同樣的道理，那空頭行情中，大盤反彈而不彈的弱勢個股當然也是空頭股的優選了，沒錯！反正，想放空就找弱勢股就對了。

貳：行情反彈的弱勢股

大盤初走空時，能夠反手放空的人並不多，因為多數人都還在用多頭邏輯思考，但行情確定走空之後，當然不能選股做多，而是選擇還有下跌空間的個股做空，就可以穩當獲利，而其中最佳標的就是該反彈而不彈的弱勢股，因為這種股的技術面一定弱於大盤，甚至呈全空排列，在技術面走全空的壓力下，配合大盤走空，趁反彈時，找個好空點，穩當放空獲利。

請看下面圖C大盤日K線圖：

從 6484 以來，大盤雖一路走空，卻也有好次反彈，分別是 5525~5933/5421~5796/4808~5460/4506~5030，彈幅大小不一，但都是弱勢反彈，根本無力穿頭，而且反彈後就破底，這個現象印證了一點，行情還處在空頭格

K線圖

4603.12

91/1　　　　2　　　　3

成交金額

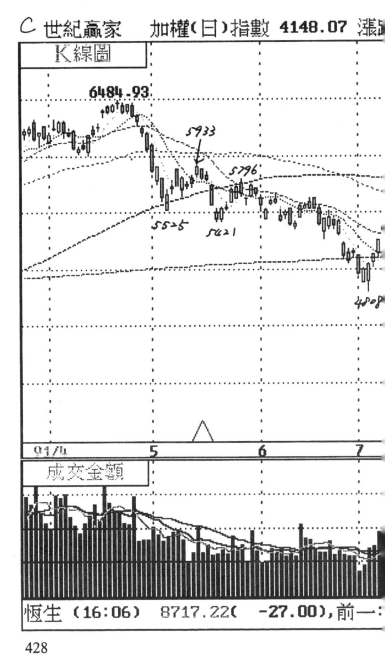

6500.00

6000.00

5500.00

5000.00

5030

4506

4500.00

3845.76

4000.00

8   9   10   91/10/15

1500.00

1000.00

500.00

.75(-29.47)   [WEIGT_) 16:10:22/

局中。

空頭行情中最弱與最強都是好空股

既然是空頭行情，在操作上當然站在空方，既要做空當然要選擇最弱勢股，就好像多頭行情中要選擇最強勢股一般。

請看下面圖 D 威盛日 K 線圖：

大盤在 6484 成頭時，當天的威盛盤中最高價為 121 元，事實上，早在 91 年 2 月 6 日，當大盤還在 5978 時，威盛的高點 156 元就已出現，所以，當 6484 高點出現時，威盛早就形成了全面空頭排列，明顯的弱於大盤。

就因為威盛走勢極弱，很少有盤中的平盤以上價可以放空，所以，比較好的機會就是趁大盤反彈時，也只有這個時候才會有可能的好空點。

放空弱勢股的好處

選這種弱勢股放空有個最大的好處：

在大盤逐漸走空與威盛技術面已全空的保

護下，不怕放空被軋，問題是，敢放還要敢抱，敢抱的條件就是，觀察大盤反彈時，威盛是否弱於大盤，若是，則即使有反彈，也可以不必理會，只要大盤不翻多，則威盛就會保持弱於大盤的走勢，股價還會繼續向下調整，讓空單獲利。

不妨對比一下威盛在大盤的幾波反彈中呈現的態勢，就以 4808 到 5460(91 年 7 月 3 日到 7 月 16 日)這波比較強的反彈為例(參看圖 E 威盛日 K 線圖)：大盤反彈了 13.5%(5460－4808÷4808=0.135)，最強勢股反彈了一倍多(例如清三 7.45~15.3)，超級大牛股台積電反彈了 27%，但威盛則只反彈了 13.2%(81－68.5÷68.5=0.182)，其它的幾波反彈就更別提了，因為它呈現了更明顯的相對弱勢，所謂柿子撿軟的捏，這種股不空何待！

若是在高檔(6484 之後附近)選定弱勢股放的空，在相對弱勢(相對於大盤，相對於其它個股)的局面下，根本不必回補，因為盤面、技術面顯示，它的股價還有向下調整的空間！

空頭市場中，選擇技術面最差的弱勢股放

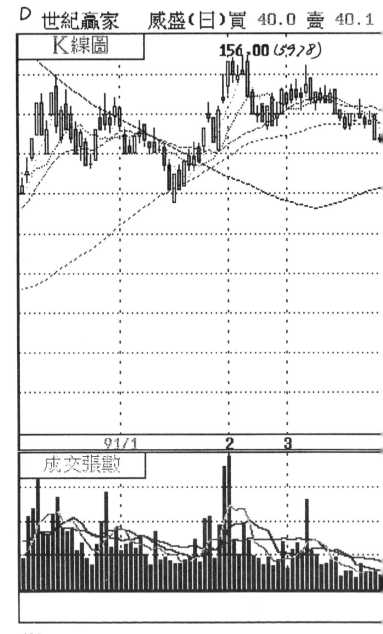

150.00

140.00

130.00

120.00

110.00

/21
(6484)

100.00

90.00

80.00

70.00

68.50

5   6   7   91/07/05

75000

50000

25000

[2388_   ] 11:23:36/

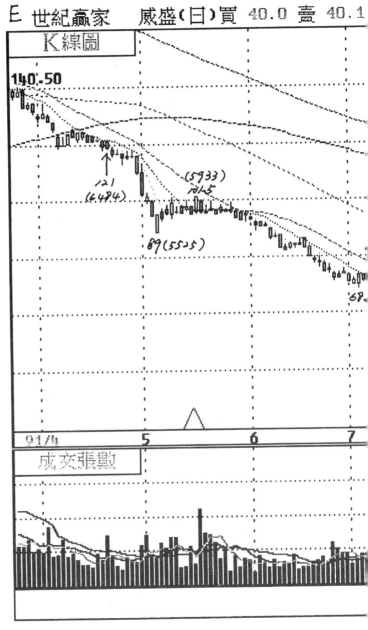

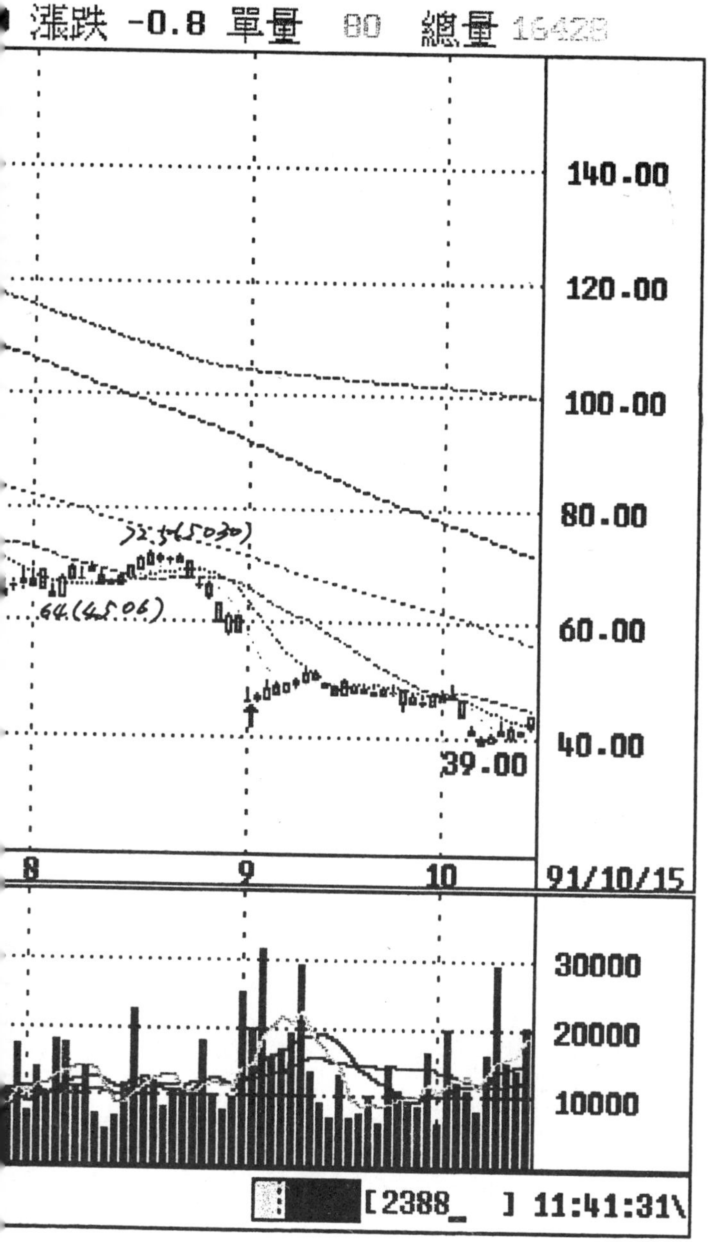
漲跌 -0.8 單量 80 總量 16428
140.00
120.00
100.00
80.00
72.5(65.030)
64(45.06)
60.00
40.00
39.00
8
9
10
91/10/15
30000
20000
10000
[2388_] 11:41:31

空，最大的好處是不怕被軋空，事實上，空頭市場根本不可能有軋空行情，若有主力敢這麼幹的話，就是與整個大環境(大盤)為敵，終有一天，會屍骨無存。

空頭市場中，放弱勢股的空，好處是可以安穩的獲利，缺點是操作時間較長，得多一點耐心才成。所以，對於膽大、心急的人而言，空頭市場中的逆勢飆漲股就成了另一個最佳選擇，請看下面圖F萬泰科日K線圖：

萬泰科在92年2月19日展開一波強大攻勢，當日價格為8.55元，16個營業日後，股價狂飆至22.6元，16個營業日連拉了16根跳空漲停長紅，漲幅高達164%，而這期間的大盤則是由4672下跌至4532，明顯地仍處於6484以來的空頭格局中。

碰到這種逆勢狂飆股，不妨緊盯著它，因為空頭市場中個股的多頭走勢，不管有多強勁，通常只有一波行情，而行情結束有二個訊號：

1.飆升中爆量打開漲停。

2.開高走低爆量收長黑。

以萬泰科而言，92 年 3 月 6 日那天(圖中★有處)，在連拉九根漲停後，當天盤中爆出歷史天量並打開漲停，雖然股價沒有下滑，但爆量的意思可能有二：

1.主力出貨。

2.主力洗盤。

若是前者，則股價將大跌。

若是後者，則隔天將再依往例再飆一段。

觀察重點：看隔天價怎麼開？

結果第二天開盤跳空漲停，如果在昨天放的空，只好認一根漲停回補。

補完後，再看、再等。

等什麼？

等它再爆量打開漲停。

記住，空頭市場中，個股股價怎麼上就會怎麼下，而且不會二次以上洗盤，所以第二次漲停再開時，八成是空點，事實上，第一次洗盤時就是在為出貨做準備：

讓空手者認定下次再打開時，還是洗盤，股價將再漲一波。

當散戶有了這種心思之後，就是主力出貨

K線圖

5.00

91/11　　12　　92/1

成交張數

財訊448 美股電子盤：今(30)日美股期指

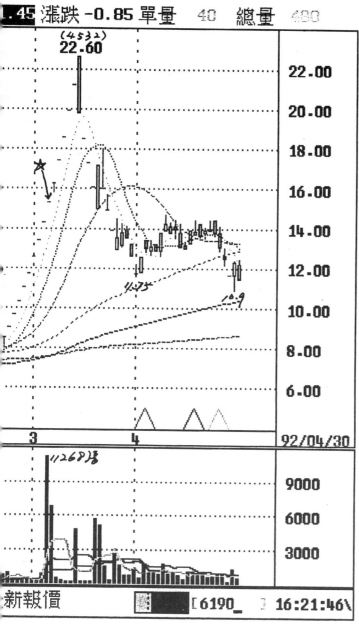

之時矣！因為根本不會有第二次洗盤，主力只是利用第一次洗盤以擾亂投資人的理性思考而已！

根據這樣的原則，將很容易在 22.6 元那天放到最高點(22.6 元高價持續了 2 個小時)，而空到高點的回報是什麼？

在 13 個營業日之內，股價從 22.6 元重挫至 11.75 元，跌幅高達 48%，天下還有比這麼好康的事嗎？

叁：領先大盤成頭的狂飆股

當大盤多頭初起時，個股中總會出現一些先發制人股，這種股的特性是不漲則已，一漲就是倍數漲，而且一開盤就是跳空漲停，想買都買不到，整體漲幅五倍、十倍，甚至廿倍都不稀奇！

但請注意，一旦繁華退去之後(個股完成漲幅配合大盤多頭結束)，之前狂飆的超強股跌起來也相當可觀，因為股市有一種相對的特性，漲得多的就會跌的多，跌的多的就會漲的兇。所以，當大盤的多頭結束之後，不妨仔細找找

之前曾狂飆，且又提前大盤成頭的個股，在大盤確定由多轉空之後，鎖定放空，其利潤是相當可觀的！

請看下面圖 G 百成行日 K 線圖：

百成行幾乎與大盤同步上漲，只是漲勢兇悍多了，第一波由 2.07 一口氣大漲至 4.35 元，十四天內漲了 110%，第二波則由 3.46 大漲至 9.6 元，短短個把月大漲了 177%，第三波更兇，由 7.2 元狂飆至 27.3 元，漲幅 79%，而時間還不過一月。

回頭看看這整波漲勢，實在驚人極了，四個月不到的時間內，大漲了 12 倍多，值得注意的是，27.3 元之後的走勢就有點步履蹣跚了，雖不致於大跌，但也只能順勢浮沉而已，因為波段高點 37.5 元之前的大盤還在走多，所以能維持於高檔不墜！

然而，37.5 元之後就不是那麼回事了，即使大盤還在走多，但多頭卻已心虛力怯，無能再創新高了！

大盤還在持續穿頭(6484 之前)，但個股卻新高不再！

K線圖

9.6

4.35

2.07

3.46

7.

成交張數

這二個現象提醒了我們一點：

空頭大餐來矣！

一般人可能懾於百成行之前的狂飆走勢，不敢當頭給它一棒，但 27.3 元到 37.5 元之間這段順勢浮沉的走勢已經打出了包票：

狂飆走勢已不再矣！

所以，根本沒什麼好怕的！

狂飆後就大跌

不僅如此，先前的狂飆走勢，在大盤走空，個股回跌之後，也會保證，它也將會出現一波以上的狂跌行情，讓人快速獲利，四月底五月初和六月底七月初都曾連收幾根大長黑，就是個明顯的例子！

和其它空頭股一樣，只要大盤沒有明顯的翻多，就不必回補，空頭市場中個股股價的調整是沒人猜得到的，抱著空單獲利就行了！

再回頭對比百成行與大盤。

請看圖 H 百成行週 K 線圖：

當大盤從 6484 回至 5024，回幅 22.5% 時，同一時間內的百成行，則是從 32 元回檔至 13.9

元，跌幅高達 56.5%，比大盤整整多跌了將近一倍半呢！這還沒完，當 92 年 1 月 10 日，大盤指數位於 4884 時，百成行股價又從 18.6 元下挫至 6.8 元，跌幅高達 63.4%，而大盤不過下挫至 4148，幅度不過 15%而已！

肆：逆勢上漲股

　　當行情正式進入空頭時，絕大多數個股都會隨大盤之勢下跌，由於走勢都呈弱勢，想找盤中平盤以上的空點很不容易，這時候，不妨把注意力放在一些逆大盤之勢走中長多的個股，而且最好鎖定漲幅大，漲勢兇猛者，因為大盤像如來佛，個股像孫悟空，無論孫悟空有多強悍，但終究還是逃不出如來佛的手掌心；意思是說，只要大盤持續走空，逆勢走強的個股一旦漲勢結束，終究還是得回到大盤的軌道上來——進行補跌，而且因為之前逆大盤之勢大漲，真要跌起來也會兇猛無比，讓有膽識、有勇氣的人在最短時間內獲利！

　　請看下面圖 I 佳大日 K 線圖：

　　當大盤在 91 年 4 月 22 日的 6484 成頭之

H 世紀贏家　百成行(週)買 6.8 壹 6

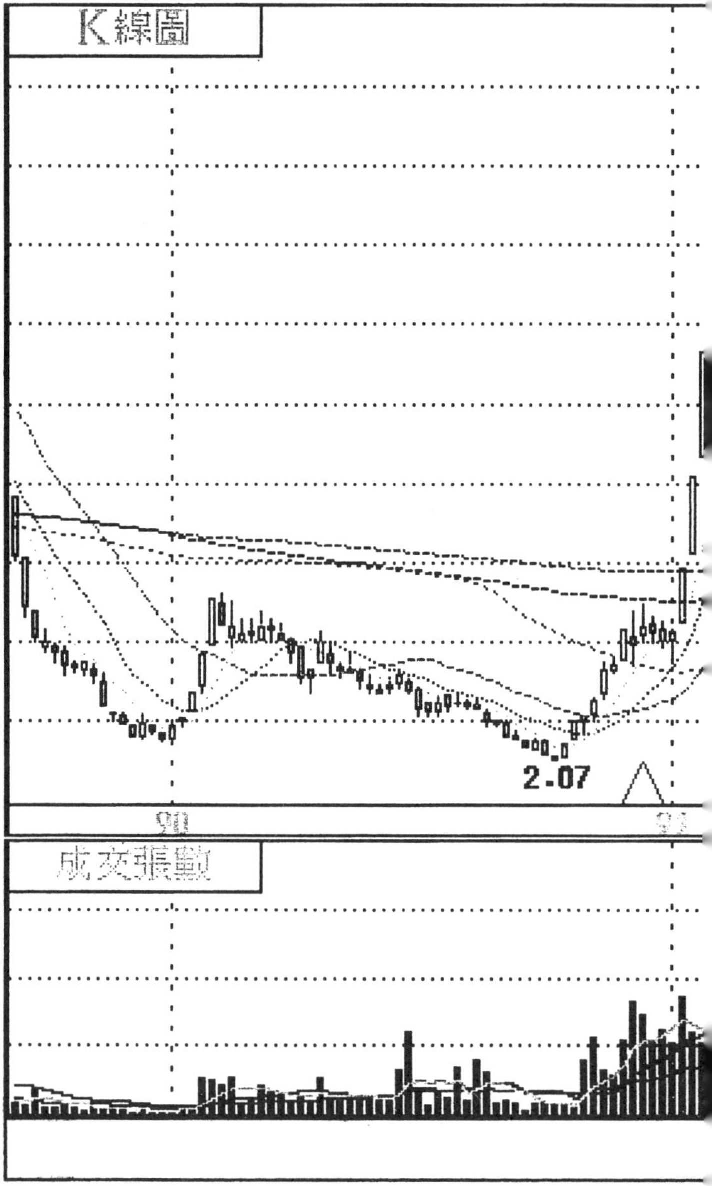

-32(6484)

18.6(4884)

13.9(5024)

6.8(4140)

92

92/04/30

36.00
32.00
28.00
24.00
20.00
16.00
12.00
8.00
4.00

30000
20000
10000

[4404_] 12:38:19\

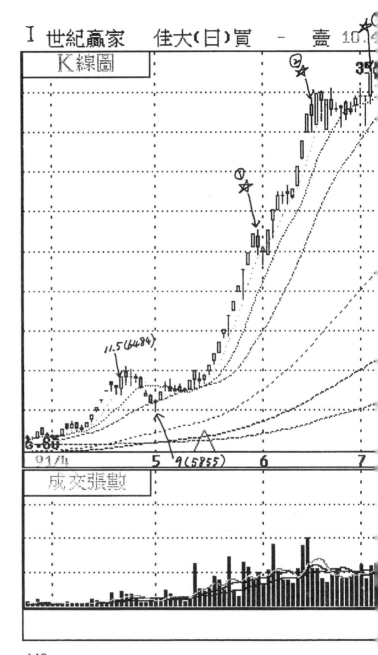

448

漲跌 -0.75 單量 6 總量 666

ω)

33.00
30.00
27.00
24.00
21.00
18.00
15.00
12.00
10.35
9.00

8　　9　　10　　91/10/15

18000
12000
6000

[2033_] 13:54:07/

後，空頭走勢已越來越明顯，大多數的個股也都隨勢下跌，隨著行情越走越空，空頭股也愈來愈難找，因為股價越走越低，距離頭部價也越來越遠，從線型上看，呈現相對低檔，讓人看了，不免膽怯：若是在此放空，一旦反彈，不就被軋了嗎？

若是有這種心理壓力，因而不敢下空單，則不妨睜大眼睛找找逆勢上漲股，因為空頭大餐已經下了油鍋，快端上來了！

6484 之後，佳大也隨勢下跌，在大盤於 5 月 2 日以 5855 破了前波低點 6009 的底之後，佳大反而在這一天內以 9 元短線落底，並在稍事整理後，展開攻勢，從 5 月初起漲，在 7 月初達到高峰，短短二個月內大漲到 35.2 元，漲幅高達 291％！同一時間內，指數則從 5855 大跌至 5024，跌幅 14.19％，一來一回就是三百多個百分點。

每個可能的空點都不放棄

問題是，佳大空點在哪裏？

在它走漲勢的過程中，不必去預測漲幅，

因為根本猜不到，所以在它的強勢過程中，不應去招惹它，從線型上看，空點一共有三個：

第一個空點在 91 年 5 月 31 日(圖中★①)，前一天延續之前的漲勢收漲停 22.3 元，沒想到隔天居然開出個平低 21.3 元，這是盤下價不能空，但盤中曾拉到盤上 22.6 元，於是，空單出擊！當天收盤下跌 1 元，盤中還殺至跌停，極短線似乎空對了！

隔天延續前一天的弱勢，盤中重挫，但尾盤卻拉了上來，以小跌 0.1 元收盤。

第三天開低後，逐漸拉高，終場以漲停收盤，平了前天的最高 22.6 元，苗頭有點不對，空單回補，補得早的話還有小賺，補得慢的話，最多不過貼點手續費，事後證明，這不是個太好空點。

第二個空點在 6 月 17 日(圖中★②處)，和上個空點一樣，也是前三天長紅大漲，但這天開小高後又拉回，終場收了根黑 K 棒，但多頭並沒有因此認輸，隨後近半個月內多空雙方又展開大拉鋸，日 K 線一日多一日空，放空的賺不到錢，做多的也討不了好！

一直到 7 月 3 日，行情有了大變化，當天又拉出了一根近期內少見的漲停長紅，多頭勝出，根據以往的經驗，似又是整理完畢，又將再攻一波了！

　　但隔天的走勢卻又讓人跌破眼鏡！

　　昨天漲停收盤 35.2 元創了波段新高，且未爆量，理論上上檔無壓，隔天應按往例跳空開高收高再漲一波才對，結果居然開出了平低盤，盤中雖然拉出小高小漲 0.5 元，但全場軟弱無力，這種走勢顯示其走勢慣性已開始改變了！

　　以往的經驗都是：

　　大漲一段後，小幅拉回整理幾天，一旦整理再攻時，又是個波段漲勢，但這次不同了！所謂「反常必有妖」，多頭的力道已虛矣！

　　再回頭看大盤，從 6484 到今天(35.2 元)，已下挫至 5024，跌幅 22.5%，反觀佳大，卻逆大盤之勢大漲，從 9 元起漲至今的 35.2 元，已大漲了291%。

個股不會永遠逆勢

請注意：個股可以短時間內不理會大盤獨行其是，但不可能中長期自行其是，它終歸要回到大盤的軌道上來，若大盤從由空翻多，佳大或可再順勢漲一波，或至少在高檔整理，然而大盤的空頭走勢並未結束，在大盤持續拉回的壓力下，佳大不可能無限制地上漲！

　　這時，不妨空單出擊，而以 35.2 元為回補點，突破就認小賠回補，反之，不突破就不補。接下來的操作是：

　　大盤不翻多就不補，甚至就算大盤翻多，只要佳大還處弱勢就不補，因為，空頭市場中逆勢走多的個股，一旦補跌，其力道之猛，往往讓人難以想像！稍一不慎，就會錯失一段難得的大空頭行情！

　　再回頭看佳大，從 91 年 7 月 4 日的 35.2 元開始回檔以來，至同年 10 月上旬，三個月的時間內，已重挫至 10.35 元，跌幅高達 70%，這塊肥肉夠大了吧！

　　這樣的放空方式，永遠適用，因為，只要大盤走入空頭行情，就會有逆勢走中長多股，除非大盤翻空為多，否則這種逆勢中長多股就

會出現，而成為放空的最佳標的。

第十九戰略
空頭市場中的
多頭陷阱

1.空頭市場中的大飆股

空頭市場中,往往會出現極少數無量飆升的超強股,在大多數個股都呈現綠色時,這種萬綠叢中一點紅的大明星,確實很引入注目,讓人看了牙癢癢,因為根本買不到。然而,且慢羨慕,因為缺乏大盤背書,這種股通常只走一波,怎麼上就會怎麼下,而其行情結束的訊號就是爆大量開漲停收黑,所以,當它漲停打開時,別急著去買,否則很可能掉入它的多頭陷阱之中;不但不該買,還要伺機找空點,只要敢大膽空,就能輕鬆賺到錢。

2.創波段或歷史新高股:

空頭行情中,個股不但不跌,反而一路走高,不但走高,還頻創波段新高,甚至歷史新高時,對多頭而言,往往都不是什麼好消息,因為主力往往逆勢思考,反向操作,當你看空時他做多,反之亦然,當你看多時,他開始藉機出貨。所以,空頭行情中,不隨勢下跌反而

不斷向上攻堅的個股，寧可不做，否則很容易掉入其陷阱之中。

3.上波不跌者，本波反彈就不彈

個股和大盤之間，有一種很微妙的互動倫理，當大盤多頭初起時，不漲反跌者，一旦漲起來就會沒完沒了，因為它超跌了。反之亦然，當大盤走跌時，不跌反漲的個股，在大盤由空翻多時，往往也會強勢不再；道理很簡單，敢逆勢走揚者，一定有主力介入拉抬，但空頭行情中，出貨不易，好不容易等到多頭行情來臨，它不趁機出貨就是傻瓜，這種股絕非多空易位時的好標的！

4.弱勢橫盤股的突發性長紅

行情還在走空，向來弱勢橫盤的個股忽然莫明其妙地出現長紅，但這通常只是技術性反彈而已，除非長紅連出，否則別輕易介入，頂多一、二天它就會下來，再續續它的牛皮走勢！

空頭市場中的
多頭陷阱

壹：空頭市場中的大飆股

　　當行情進入盤整或空頭行情時，每天一開盤，絕大多數個股大都是有氣沒力的，就算有強勢股也大都只有一兩天行情，就在這種低迷的時刻，就是會有極少數個股忽然脫穎而出，根本不理會大盤的弱勢，開盤就跳空，而且漲停掛進一大堆，在一片綠油油的行情中，它老兄卻大紅燈籠高高掛，好不羨煞人也！

當飆股打開漲停時

麻煩的是，這種股的發動，大都事先很少有徵兆，就算有徵兆，你也不敢追價，生怕又是一日行情，結果它卻一路扶搖直上，等到確定噴出，想買又買不到，因為它的成交量極少，但漲停掛進量極多，就算開盤前就掛漲停追，也未必那麼走運！

　　然而，不管多強的股票，它總有爆量漲停打開的一天，就有那麼一天，它的量出來了，漲停也開了，請問：該買嗎？能買嗎？

　　勸你最好不要！

　　請注意，我們先前設定的前提：

　　這是個盤整或至少尚未翻多的行情，甚至是空頭市場。

空頭市場中飆股通常只有一波

　　大盤不佳的行情裏，飆股通常只有一波行情，也就是一次走完，這時候進場，剛好去當最後一支老鼠，何苦！

　　然而，問題還不在這裏！

　　因為上波的行情沒做到，也許你會想，好！就掌握住下波吧！

於是對它盯啊！盯的！漲停打開後，它當然會回檔，回了一段後，忽然有一天，它又拉出了長紅，於是大喜過望，立刻追進去，終於買到了，尾盤也漲停鎖得死死的，結果第二天一開又是要死不活的！然後又是一陣下跌！碰到這種情形，就表示，你已經掉入多頭陷阱裏了！

　　歷史經驗顯示了一點：

　　當多頭處於弱勢的行情時，如果有飆股出現，通常都是行情一波到底，不大有機會拉回做第二波，為什麼！

　　因為非多頭市場中，凝聚人氣不易，所以，主力的操作心態，一定採取反市場心理，尤其當他在操作某支個股時，更是如此。

　　當你認為某股不論從基本面、技術面、籌碼面都不可能大漲時，它卻在毫無預警的情況下，發動攻勢，而且愈漲愈凶，尤其當時行情可能很差時，它的走勢往往更驚人，為什麼？

主力往往逆向思考

　　因為他要破壞你的思考慣性：

你認為它不該漲，偏偏漲給你看。

這也是在行情一片低迷時，就是會有某支個股無懼於大盤，盤中早早亮燈漲停，而且漲停還掛了一大堆的原因！

幾根長紅後，不認同的人也開始認同了，於是一早就掛單等著買，掛了幾天，還是買不到，因為成交量相對於漲停掛進量根本不成比例，連續幾天買不到，股價越走越高，這時候，你可能也不買了，但盤中還是會盯著它看，看什麼？看它能漲到幾時？心理等著看它的笑話——漲完後下跌甚至大崩盤！

飆股回檔又拉漲停時

終於有一天，它漲停打開了！量也爆出來了，當天收盤，也拉出了一根長黑，接連幾天，它也連續跳空開低，一連拉出了幾根跌停，心理更在暗爽，你總算有下來的時候，沒想到，有一天，正當它又如期以跌停開盤？而且跌停掛出一大串時，忽然間成交量不斷放大，跌停的籌碼被吃光了，股價從跌停開始向上推進，一路急攻，最後拉上漲停鎖住，請

問，這種盤能不能追？

再請注意我們之前提到的前題：

這不是個明顯、清楚的多頭行情，或者更清楚一點地說，這是個空頭行情。

請看下面圖 A 大盤日 K 線圖：

這是個從 6484 以來的空頭行情，6484 的頭部成立之初，多數人都不知道空頭行情已經來了，但從六月開始，當年線之外的均線都跌破且下彎之時，空頭行情就愈來愈明顯了，既如此，則在這樣的行情中，就算有逆勢飆升的個股一定隱含著本文所說的陷阱，操作上就必須特別當心！

出貨陷阱——漲停

既如此，這就是個多頭陷阱，你一進去，就是飛蛾撲火！因為主力又在擾亂你的思考慣性了！

前半段走多時，主力逆勢操作是要吸引你去幫忙抬轎，雖然讓你買不到，但也烘抬了氣勢！

這一段回檔後的長紅則是要拿你當冤大

頭，把貨出給你，因為它貨還沒出完，怎麼看？

　　對比一下它漲勢發動時的起漲量和漲勢結束時的頭部量就知道了！

頭部量低於起漲量的玄機

　　請看下面二個例子：味王(圖 B)★與統合(圖 C)★：

　　先看味王，圖中 a 所指處為吃貨起漲日，當天量為 937 張，隨後一連拉出了 22 根漲停，B 處那天，以 10.35 元作頭反轉，但成交只有 334 張，而在這 22 根長紅中，有好幾天仍在吃貨拉抬，所以，334 張的成交量顯然不能把貨出完，所以，它一定要製作一個假象：

　　股價還沒漲完，還有第二波？

　　同樣的現象，再請看圖 C 統合日 K 線圖：

　　圖中★a 是攻擊發起日，請注意，當天雖收長紅，但成交量只有 800 張，貨顯然沒吃夠，因此，三天後，它又在高檔照單全收，當天爆出了 5164 的大量(★b)，量吃夠了，便開始拼命拉，一連 10 根漲停，但量都沒放大，一

4

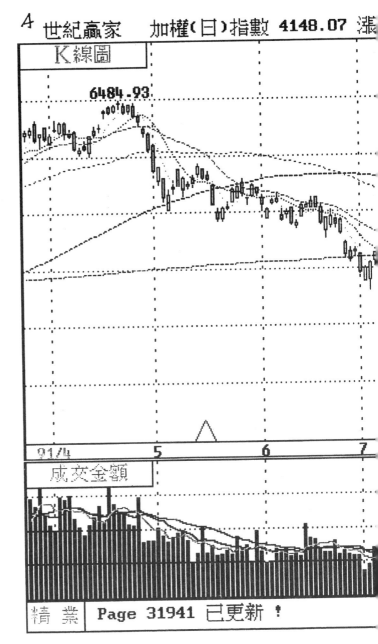

世紀贏家　　加權(日)指數 4148.07 漲

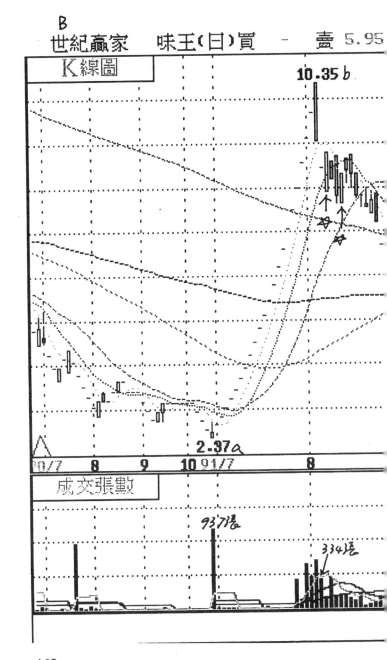

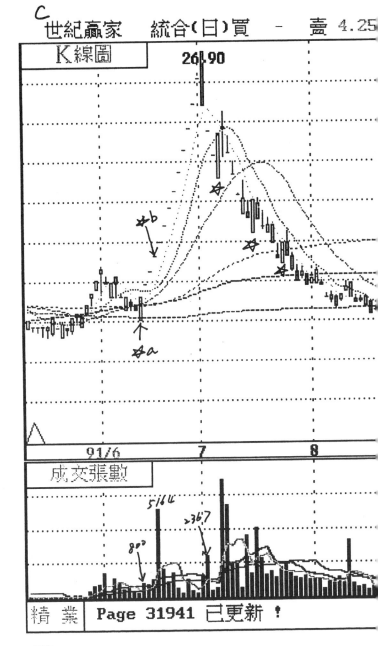

漲跌 － 單量 －－ 總量 －

25.00

22.50

20.00

17.50

15.00

12.50

10.00

7.50

5.00

3.88

10   11   91/11/29

6000

4000

2000

[5702_] 14:29:06/

直到 26.9 元那天，當天開漲停，收跌停，但成交量卻只有 2367 張，相對於起漲時的 800 張及 5164 張，顯然貨沒出完，或根本出不完，也許有人會說，有拉抬過程中，多多少少也有一些成交量，這些量加起來，一定超過 800 張＋5164 張的量，這話沒錯，但請注意，即使在多頭市場中，拉抬股價也一定買多於賣，讓買力大於賣力，否則如何讓股價上漲，多頭市場如此，空頭市場更別說了，若不是大買特買，股價如何上得來呢？

再換個角度思考，空頭市場中買股票容易，但賣股票就難了，尤其是一支曾經大漲的股，一旦走勢轉弱，大家都避之唯恐不及，誰還伸手去接啊！

用漲停製造假象

就是因為如此，主力才會製造另個假象，開長紅吸引投資人，一副「我將再起」的模樣，等你一進去，他又把籌碼丟給你，這種手法不斷反覆，直到它把貨出光為止。注意看看圖中 26.9 元以後，所有長紅(註明★)之後第二

天是否立刻又收黑，就可思過半矣！而事實證明了一點，只要貨沒出完，這種歷史就會不斷地上演。

如果你以為統合只是個特例，不妨再看回頭看看圖B的味王：

味王的走勢，其實和統合沒多大不同，都是漲勢終止日的量(★b)和漲勢起始量(★a)不成比例，一樣的出不了貨，因為出不了，所以，只好不斷以長紅製造漲勢將再起的假象，讓一般散戶飛蛾撲火，結果，長紅雖然在回檔中好幾度出現(圖中高點之後的★)，但股價也卻愈來愈低，這些現象都顯示了一點，主力因為出不了貨，只好以長紅作陷阱，藉以達到其壓低出貨的目的！

當然，若是在高檔把貨給出完了，在回跌過程中，有時也會出現長紅，這種長紅一來可能是隨大盤之勢反彈，或本身因為跌多了的技術性反彈，儘管不是主力特意製造的出貨假象，但同樣的都是多頭陷阱，因為在空頭市場中，飆股通常只有一波到底的行情，別期望回跌之後的長紅，還會有第二波行情！

高檔出完後就會一路大跌

請看圖Ｄ唐鋒日Ｋ線圖：

圖中★a 的 22.3 元波段最高，成交量高達 1955 張，是歷史天量，對比★b 的成交量大了好幾倍，相信主力是把貨給出完了，因為貨出完了，所以股價快速大跌，九天內，從 22.3 元跌至 14.8 元，跌幅高達 33.6%，因為短線跌幅極大，所以之後出現了的二根長紅反彈(22.3 元後的二個★)，也就不足為奇了，問題是，反彈之後，它還是要繼續跌，一來是主力已出完了貨，二來是大盤仍在走空頭市場，一波行情做完後，不會再出現第二波了(除非大盤又開始走多頭)！因為這是空頭行情的走勢特性啊！

再請看下面圖Ｅ味王週Ｋ線圖，味王自 37 元到 10.35 元這波空頭市場中的飆升結束後，由於近一年內，大盤仍處於 6484 以來的空頭格局中，所以，在將近一年內，它也只能盤整，而且一直沒能再出現另波大漲走勢了！

貳：創波段或歷史新高股

空頭市場中的第二種多頭陷阱，更是恐怖，因為它往往讓人失去戒心，在不知不覺中，受到重創！

多頭市場中強勢股不再穿頭時

　　請注意，在多頭市場中，個股創波段新高或歷史新高的強勢個股比比皆是，同樣的，空頭市場中，頻頻創波段新低或歷史新者比比皆是，這是常態。

　　就這個角度來看，在空頭市場中若有個股不但不走空頭，反而走大多頭，而且不斷創波段新高甚至歷史新高者，其中就透著玄機，因為，它已在告訴你，多頭市場已快結束，空頭市場即將來臨，趕快調整多頭思考慣性，改用空頭角度去思考並面對行情，否則有你受的！反常必有妖啊！

　　正常情況下，在多頭市場中，創了波段新高甚至歷史新高的個股，在正常情況下，股價都應再猛攻一波才是，只要多頭市場不結束，它都不會有太大幅度的回檔，就算回檔，也會是另個買點，這是常態！

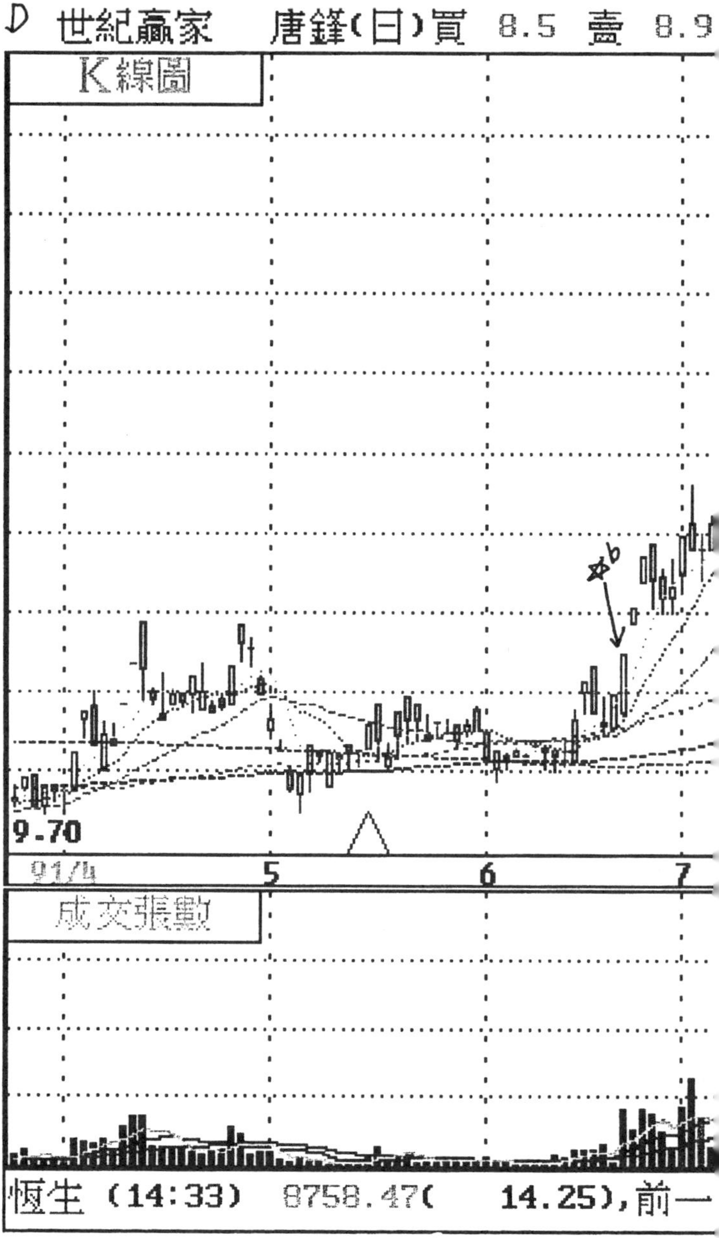

D 世紀贏家 唐鋒(日)買 8.5 賣 8.9
K線圖
9.70
91/4
5
6
7
成交張數
恆生 (14:33) 8758.47(14.25),前一

22.50

21.00

19.50

18.00

16.50

15.00

14.8

13.50

12.00

10.50

8   9   10   91/10/15

1500

1000

500

04(18.82)   [4609_] 14:34:04/

E 世紀贏家　　味王(週)買　－　　壹 5.95

K線圖

成交張數

精 業　│ Page 4304 已更新！

478

17.50

15.75

14.00

12.25

10.50

8.75

7.00

5.25

3.50

2.37

91

92

92/04/30

12000

8000

4000

[1203_] 14:18:42/

然而，若有一支個股，在多頭市場持續之時，股價創了波段新高後，不但不大漲一波，反而步履蹣跚時，就算大盤走多態勢不變，都應先獲利了結再說，因為它已違背了個股與大盤互動的倫理了！

多頭市場中的領先做頭股

　　請看下面圖 F 麗台週 K 線圖：

　　麗台幾乎是大盤同步，自指數 3411 開始從 23.8 元(圖中 A)反彈，並且在 90 年 12 月 26 日以 52.5 元創波新高(圖中 B)，突破了前波高點 49.3 元(圖中 C)，當時指數為 5505。然而，大盤指續北上，麗台都卻頓兵不前，碰到這種現象，就表示其多頭結構出了問題，沒啥好說的，只有獲利了結，另外擇股操作一途。以麗台而言，當大盤從 5505 攻至 6484 時，卻反向從 52.5 元下跌至 45 元，若不是拜大盤走多的保護，則其跌幅當不止此；果然，當大盤從 91 年 4 月 22 日的 6484 下跌至同年 8 月 6 日的 4506，跌幅為 30.5% 時，領先走弱的麗台，則是從 45 元(圖中 D)下跌至 23.5 元(圖中 E)，跌

幅為 47.7%，而且還破了 3411 的低點，不但把 3411 以來的漲幅全跌完，還倒貼呢！

創新高股不再漲——出

多頭市場如此，空頭市場就更別說了，因為個股過份地違背了與大盤互動的倫理，所以，在空頭市場中，能創波段新高甚至天價的個股，只允許有一種走法，那就是：

漲、漲、漲，而且大漲特漲。

因為它上檔已無壓力了。反之，一旦不再漲時，就是多頭出了問題，這時候，千萬別以為它只是個技術性的拉回，是個好買點，剛好相反，這是賣點，更是空點；然而，有些人往往被技術面的多頭排列所迷惑(能創波段新高者一定呈全面多頭排列)，奮勇投入，因而掉入了空頭市場中的多頭陷阱！

其實，只要冷靜想想，就可知道苗頭不對了！既然上檔已無壓，為何不大漲？理由很簡單，主力以反向操作破壞投資人的思考慣性，藉以達到出貨的目的，如是而已！

請看下面圖 G 江興週 K 線圖：

92/04/30

K線圖	
MA6	13.20↓
MA12	14.05↓
MA24	15.10
MA72	11.96↑
MA144	11.39↑
MA288	11.39↑

19.2

7.40

成交張數	
VOL	986↓
MV6	870↓
MV12	774↑
MV24	1990↓

恆生 （15:21）　　8705.89（　-38.33），前一

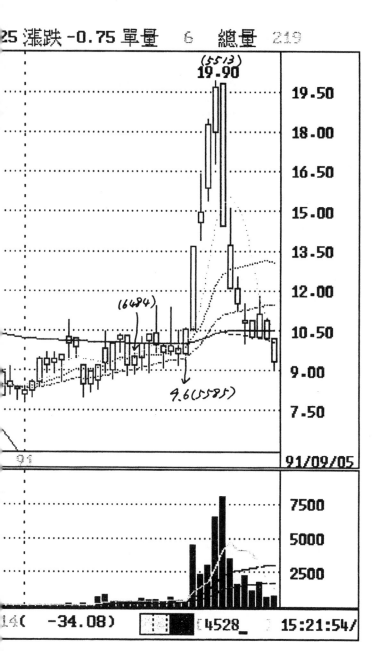

(5513)
19.90

19.50

18.00

16.50

15.00

13.50

12.00

10.50

9.00

7.50

(6484)

9.6(5585)

91/09/05

7500

5000

2500

14(　　-34.08)　　4528_　　15:21:54/

江興從 9.6 元大漲至 19.9 元的過程中，正好是大盤從 6484 回檔至 4506 的空頭市場中，一個月多的時間，漲幅超過一倍，不斷創波段新高，且創歷史新高，理論上，上檔已無壓矣！理應大漲一波了，但它卻在創新天價後，開始走的不乾不脆。

　　請看下面圖 H 江興日 K 線圖：

　　圖中★A 當天，以漲停收盤，且平了歷史天價 19.2 元的紀錄(圖中★A 處/參看圖 E 江興週 K 線圖)，在上檔已無壓的情況下，隔天理應跳空、開高、走高、收高，而且量大幅萎縮，結果第二天只收了個平盤，還留了上影線，第三天雖又收高，但已爆出大量，咦！奇怪！沒有壓力了，為何還有人大賣？這是主力出貨啊？你不賣，但他要賣啊！大量就是證據，除非第三天能量縮大漲（但這個最好的機會已經過去了），否則，股價大回檔已不可避免矣！

　　當然，不是所有創新高的個股，一旦不量縮大漲，就會立刻大回檔，然而，我們操作的目的，不就是在最短時間內賺最多的錢嗎？既然它現在漲不了，且大盤又處於空頭走勢中，

買這種股票，就等於抱了個不定時炸彈，不爆則已，一爆就會讓人重傷，何苦來哉！

參：上波不跌者，本波反彈就不彈

　　當大盤陷入空頭走勢時，絕大多數個股都會順大盤之勢走跌，技術線型上也會跟著由多轉空，但有二種股會有一段時間陷入橫盤，一是技術面一直呈現多頭排列的個股，這種股無懼於大盤的空頭排列，即使在大盤由多轉空後，它也會只是小跌一段就止跌，不過，雖是止跌，但也未必漲得上去，於是進入一段長時間的橫盤，因為不大跌，所以，技術上尚能維持多頭排列，一副強勢股的模樣，似乎一旦大盤反彈時，就會成為多頭急先鋒?其實不然，因為先前沒跌，所以，當大盤走了一段空頭，進行技術性反彈時，若想搶個股的反彈，就別買這種股，即使它也隨勢拉出了長紅也別買(除非它之前曾急跌過一段)，因為它的反彈之勢不會強，只能讓你賺指數，賺不了差價，有時還會讓你賠錢，讓人徒呼負負！

　　請看下面圖Ｉ大亞日Ｋ線圖：

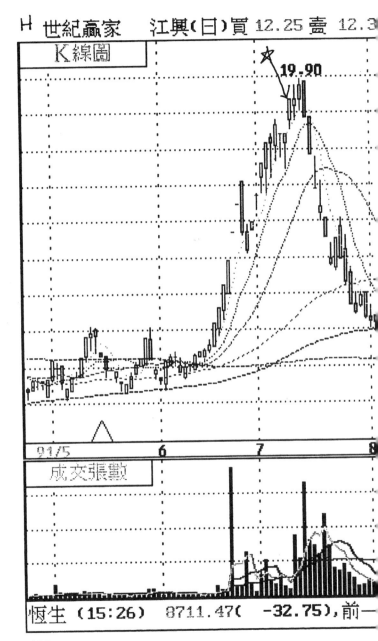

20.00

18.75

17.50

16.25

15.00

13.75

12.50

11.25

10.00

8.75

8.40

9　　　10　　　11　　91/11/13

3000

2000

1000

7(　-32.75)　　　〔4528＿　〕15:26:18\

K線圖　　　　　　(6484) **14.30**

13.7(

10.3

(5525)

3.89

大亞和大盤同步，在大盤從 3411 反彈至 6484 高點時，一齊登頂回檔。

　　當大盤從 6484 回檔至 4506，跌幅 30.5% 時，同一時間內，大亞則是從 14.3 元回檔至 9.8 元，跌幅 31.4%，只比大盤多跌了 1%，相對於許多腰斬再腰斬的個股，這已是相當強勢了，非但如此，在 91 年 6 月之前，它還能站在 60/120/240 三條中長均線之上，而這時，大盤早已跌破 240 日年線，到了七月，它還能站在 120 日半年線與年線之上，而這時的大盤早已呈全面空頭排列矣！到了八月，它最少能碰都不碰年線！

　　可是這都沒用，技術面上的相對強勢，不領先大盤大跌一段，給人的感覺就是：「它太貴了！」，因為太貴，所以，反彈時就沒它的份，因為當空頭走勢中展開反彈行情時，彈的一定是短線低量急跌、大跌股，你不大跌，就不會有人買你的，因為「不夠便宜」！

　　大盤從 6484 回檔以來，一共有三次比較大點的反彈：5525 到 5775、4808 到 5460、4506 到 5030，請看圖中大亞所示，除了第一次

(5525~5775)因短線急跌彈得稍多點之外，其餘二次，幾乎等於沒彈！

但這還不是最麻煩的，由於技術面的強勢，當它偶而冒出一根長紅時，就會給人一種「我將再起」的錯覺，因為91年3月到4月的這段狂飆太讓人懷念了，如果有人因為這一點而進場，通常只有悻悻而歸的份，因為這種反彈都只有一日行情而已！除非大盤又強力走多，否則，別再迷信這種空頭行情中，技術面相對強勢股中的突發性長紅了！

肆：弱勢橫盤個股的突發性長紅

上節談的是大盤走空的時，不能搶技術面強勢股的反彈，以及其突發性長紅的陷阱。但另有一種橫盤股的長紅也會造成操作陷阱，而一般人會去搶這種股長紅的理由，恰好和上述技術性強個股相反——因為它跌多了！

但不管是因為強勢的沒跌或弱勢的大跌，搶這種股的結果都是一樣——踢到鐵板。

請看下面圖 J 勤美日 K 線圖：

勤美幾乎與大盤同步地在 91 年 4 月下旬回

J 世紀贏家　凱美(日)買 5.25 壹 5.3

K線圖

16.20 (6484)

91/4　　　5　　　6　　　7

7.5

成交張數

財訊 30 警示股：週二(29日)店頭市場遭

16.25

15.00

13.75

12.50

11.25

10.00

8.75

7.50

6.45

8   9   10   91/10/15

(3845)

7500

5000

2500

檔，二個多月內，從 16.2 元大幅下挫至 7.5 元，跌幅高達 53%，遠超過大盤，7.5 元短線落底後，由於短線跌幅極深，加上大盤出現反彈(4808 到 5460)，所以，也曾出現了一小波從 7.5 元到 9.2 元的小反彈，反彈結束後，隨即進入橫向整理。

由於跌幅極深，所以，當大盤從七月中又進入另波回檔時，勤美反而不跌，橫盤走久了，原本的全空排列，也逐漸出現對短多較有利的技術面，有時也會有 5/10/20 三條短中均線呈多頭？似乎在弱勢中透著強勢，但在大盤仍走空的壓力下，什麼勢都不管用，而其中隱含的陷阱就是橫盤中突發性的長紅！

請看圖中二個★記號下的長紅棒，第一個還好，隔天還有高價，但第二天即要回了一半，第三天後就倒貼，請注意這根長紅在當天的盤勢極強，9 點 25 分就攻上漲停，12 點 50 分即鎖死，收盤還掛了一大串追漲停的籌碼，當天大盤下跌 57 點，是盤面上極少數的超強股，12 點前雖可買到，但沒多少低價，因為大部份時間都在漲停附近游走(見圖 K 圖中有★的

那一天)，但這都沒用，第二天連個平盤也開不出來，收盤就要回了一半，到第三天，這根長紅棒全部收回，當天搶進的人全被修理！

當行情陷入空頭或技術面走空的橫盤時，最好的應對方法就是觀望，一定要等多空分出個明顯勝負時再買進強勢股，否則，在大盤欲振乏力的牽制下，絕大多數橫盤股的長紅都是多頭陷阱，決讓人討不了便宜，當然，也可以迅速認賠殺，但這種明明佔不了便宜的行情，為何要去自討沒趣？更重要的一點是，它會打擊你的操作信心，當真正行情來臨時的長紅反而不敢追，因而錯失了一大段行情，太划不來了！

話說回來，在空頭行情中，偶而也會出現飆股(如 91 年 6 月的 5702 或 91 年 7 月的 1203 味王)，但只要行情沒能迅速轉為多頭，不管個股有多強，有多能飆，它終究還是會重新(大回檔)進入大盤的軌道中來的！

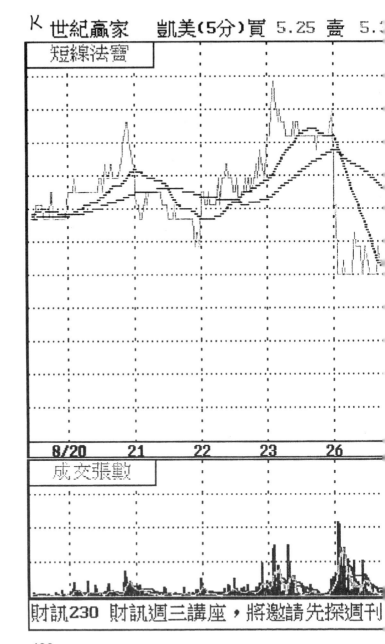

短線法寶

8/20　　21　　22　　23　　26

成交張數

財訊230 財訊週三講座，將邀請先探週刊

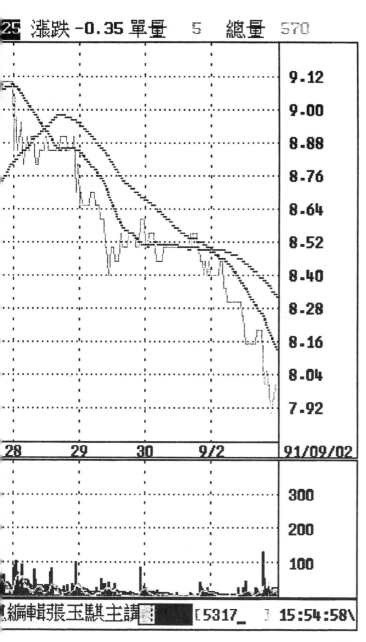

東山作品合購大優待

以下全購，七折優待

1.從進場到出場　　　定價 1,000 元

2.股市絕學合訂本①　定價 490 元

3.股市絕學合訂本②　定價 560 元

4.多空致勝 30 大戰略①定價 480 元

5.漲跌停板操作學　　定價 130 元

以上單項購買九折，全套五種合購，原總價
2,660 元，七折只收 1,860 元，掛號寄貨

購買方法：

1.請劃撥 17241221 大秦出版社帳戶。

2.也可以另加 50 元，採郵局「貨到付款」方式
　購買，請電洽本社。

3.聯絡電話(02)22117491 Fax:(02)22117493。

從進場到出場 CD

東山主講/全套四片 CD/每片約 50 分鐘
定價 1,000 元/現貨供應/一律郵撥購買

　　「從進場到出場 CD」是東山於 91 年 12 月 7 日特別錄製的，這是一套簡易濃縮版的「股市絕學錄影帶/VCD」，雖然份量只有後者的八分之一(但價格只有 12 分之 1)，卻包含了 VCD 版的部份重點，內行人切勿錯過。

購買方式
請劃撥 17241221 大秦出版社帳戶

從進場到出場 CD
詳細內容介紹：

一、進場之前先看什麼？

　　絕對要先看大盤處於什麼樣的狀態(因為要絕對避免站在大盤的對立面)？

大盤只有四種樣態：

走多？走空？走盤？多空轉換？

A. 先看多頭：

走多頭的依據：

　　開始只穿頭不破腳（向上趨勢不變）。

　　均線排列愈來愈傾向多頭（各均線逐漸翻

揚）。

結論：

　　如能符合上述條件，則大盤還有上漲空間，

應視為相對低檔。

應對方法：進場選擇最強勢股做多。

B. 次看空頭：

走空的依據：

　　只破底不穿頭（向下趨勢不變）

　　均線排列愈走越空（各均線逐漸下彎）

結論：

①如能符合上述條件，則大盤還有下跌空間，

　應視為相對高檔。

②由於多數人都是多頭，往往在大盤走空時，

　找盤中逆勢走強股，結果行情只有一、二天

甚至當天就結束，因而賠錢或套牢，不斷地惡性循環，積小傷成大傷，故空頭市場中絕對避免逆勢作多。

應對方法：放空或不做

C.再看盤局：

盤局的依據：

均線排列混亂，呈不規則狀態，上檔有壓，下檔有撐。

慣性觀察：不穿頭也不破底。

盤局結束後的多空判斷：

①從大盤本身看：

若出現連續二根以上長黑破底，將均線向下拉開，則行情將走空。反之，若是出現二根以上連續長紅，將均線向上拉開，則行情將走多。

②從個股的角度看：

若盤局中不斷有新強股出現，且不斷創波段新高，則盤局結束後向上的可能較大。反之，若破底弱勢股不斷出現，則行情結束向下的可能較大。

應對方式：觀望或短線操作

D. 最後看多空轉換：

①空頭市場的訊號：

從只穿頭不破腳變成不穿頭只破底。當空頭確立後，距頭部越近的反彈越是好空點，也越不宜搶反彈。

②多頭市場的訊號：

從只破底不穿頭變成只穿頭不破底。當多頭市場確立後，距底部越近的回檔最宜做多。

二、選股

多頭初起的選股：

當多頭初起時，可能是反轉，也可能只是反彈，為了不錯過可能的反轉，距頭部越遠的反彈越要搶，因為最可能形成反轉（股價愈便宜愈可能激發買盤），多頭初起時，個股選擇方式有二：

1.短線：

①絕對優選：能領先大盤及其它個股先攻上漲停(這是最強烈的短線多頭訊號)的個股(先不管其技術面)，最能讓人在最短時間內賺大錢。

②為什麼要買漲停板：

　　a.因為漲停是多頭強烈表態的訊號。

　　b.慣性起動，昨天強勢，今天明天....也可能持續強勢。

　　c.碰利空時退可守進可攻。

　　d.就算只是一日行情，也可能開平高，增加你的迴旋空間。

2.中長線：

　　①均線呈多頭排列，量價配合得當者。

　　②當多頭確定後，中長多股就會脫穎而出

　　③價大跌，但量棒整齊，時間越長者越有爆發力，當第一根漲停出現時，就是買點。

三、個股操作：

只買最強勢股。

買到強勢股後的操作：

a：大盤不確定走空不出。

b：個股不出現長黑不出。

c：大盤仍處多頭架構中，個股大量長黑後又現漲停者再進。

d：不預設股價漲幅。

e：量在什麼時候比價重要？

四、多頭行進中選股大忌：

①多頭市場中，強者恒強、庸者恒庸、弱者恒弱，所以，走勢不超強不買。

②不選日 K 線紅黑交錯，量棒混亂股。這種股代表籌碼混亂，不易大漲，除非連拉三根漲停，否則肯定漲不了

五、多頭行進中的選股：

①股價曾大跌，最好是無量大跌股，是為首選，這種股超跌後會超漲。

②盤中強勢股。

出場：

①大盤已由多轉空（長線出場）。

②大飆股出現長黑（短線出場）。

六、空頭初起的選股：

①領先大盤成頭股。

②大飆股出現大量長黑。

③籌碼混亂股。

七、空頭行進中的選股：

①大盤反彈時的強勢股。

②逆勢大漲股。

多空致勝 30 大戰略①

25K／510頁／東山著／現書供應

全書共計十大戰略：
①穿頭測頭破底測底
②真壓與假撐假壓與真撐
③橫向整理和以跌止跌
④個股巨量長紅的利基與陷阱
⑤什麼才是會賺大錢的好股
⑥如何抓住反彈強勢股
⑦如何應對盤局
⑧如何抱牢金雞母
⑨低風險高利潤的空頭股
⑩一樣的強勢回檔不一樣的多空面相

定價 480 元

股市絕學合訂本①

25K ／ 608頁／東山著／現書供應

本合訂本共含下列四書：
股市絕學①
　　　盤與線／原價 180 元
股市絕學②
　　　融券放空學／原價 180 元
股市絕學③
　　　以量為師／原價 180 元
股市絕學④
　　　股價大趨勢／原價 180 元

定價 490 元

股市絕學合訂本②出版了

25K ／ 736頁／東山著／現書供應

本合訂本共含下列四書：

股市絕學系列之⑤

　　多空一線天／原價290元

股市絕學系列之⑥

　　空頭市場與放空操作／特價129元

股市絕學系列之⑦

　　多頭市場與多頭操作／特價129元

股市絕學系列之⑧

　　第一時間操作法／特價129元

定價 560 元

多空致勝 30 大戰略②

著　　　者：東　山
發　行　人：李榮中
封 面 設 計：紀健龍
出　版　者：大秦出版社
登　記　證：局版台業字第 5911 號
營 業 地 址：台北縣新店市安民街 65 巷 17 號 2F 之 2
郵 政 劃 撥：17241221 大秦出版社帳戶
電　　　話：(02)22117491
傳　　　真：(02)22117493
總　代　理：農學社(02)29178022
初 版 一 刷：中華民國 92 年 6 月 20 日
定　　　價：新台幣 480 元

ISBN 957-8833-30-X